AF557985

SILKE R. PLAGGE BÉA BESTE

Eltern sein *ohne Schuldgefühle*

Gemeinsam gelassen durch den Familienalltag

Inhalt

Vorwort: Mach es einfach – mit gutem Gewissen

Einfach machen. Diese zwei Worte sind für ein ganzes Buch verantwortlich. Denn eine Freundin rief verzweifelt an: „Ich habe immer Schuldgefühle. Als Mutter mache ich wahrscheinlich gar nichts richtig." Da war so viel Verzweiflung in ihrer Stimme. „Kannst du mir sagen, wie ich es weniger kompliziert, wie ich es mir einfach machen kann?" Diese Frage besprachen kurz darauf zwei Mütter: Béa und Silke, also wir, die Autorinnen dieses Buches. Unsere Kinder sind zwar schon (fast) erwachsen, aber wir kennen sie so gut, die Schuldgefühle, die junge Eltern – und vor allem Mütter – begleiten. Mütter und schlechtes Gewissen? Wie viel kann man davon haben? Die Bedürfnisse anderer erfüllen, Grenzen ziehen oder das Gefühl haben, etwas Unangemessenes zu tun – das wird so groß.

Die Ansprüche an junge Eltern werden immer höher. Denn heute gilt es, die Bedürfnisse aller zu sehen und einzubeziehen, Wutanfälle müssen authentisch begleitet werden und die Verantwortung scheint riesig. Braucht das Kind zu lange Zeit bei der Kitaeingewöhnung? Ist das Essen nicht bio? Sofort wird ein schlechtes Gewissen gemacht. Alle und alles habe zu „funktionieren", andere – vor allem das Kind – dürfen nicht enttäuscht werden. Dabei sollen Eltern sich auch Pausen nehmen, an sich denken und alles hat tipptopp auszusehen – das miese Gefühl wird zum Dauerbegleiter. Ständige Vergleiche, sehr hohe Ansprüche auch von außen. Wer heute Mutter oder Vater ist, hat es wirklich nicht leicht.

Wenn das eigene Kind etwas nicht richtig macht, sind dafür sofort die Eltern verantwortlich? Oder wird ein Fehlverhalten nicht dadurch bestärkt, dass wir so etwas sofort auf uns beziehen? Wäre es nicht viel besser, wenn es gelingt, die Energie und die Zeit, die mit Scham und miesen Gefühlen vergeudet werden, positiv zu nutzen und einfach Spaß mit dem Kind zu haben? Nur wie wird man belastende Schuldgefühle los? Oder muss man diese Gefühle gar nicht loswerden, sondern kann sie auch für sich nutzen? Genau

das möchten wir in diesem Buch zeigen: Wie ihr euer schlechtes Gewissen annehmen könnt. Und Wege zu mehr Gelassenheit findet. Denn manchmal muss es einfach sein. Pragmatisch, praktisch und gut genug.
Wer sich verändern möchte, kann das. Davon sind wir überzeugt. Also mach dich frei von Schuldgefühlen, die dich belasten, und finde Wege zu mehr Gelassenheit. Ein schlechtes Gewissen und auch elterliche Schuld kannst du auch annehmen und als Werkzeug nutzen. Lass uns dem schlechten Gewissen einen Namen und auch ein Gesicht geben. So ein „Schlegewi" hat Béa sogar gezeichnet, es begleitet dich in seinen verschiedenen Versionen – nicht immer freundlich, aber durchaus hilfsbereit durch dieses Buch. Es will dich unterstützen, dich weiterbringen und dir helfen, der Elternteil zu sein, der du gern sein möchtest. 
Uns beide als Autorinnen verbindet der Wunsch, unsere eigenen Erfahrungen weiterzugeben. Béa wurde früh Mutter einer Tochter, war alleinerziehend und hat als Schulgründerin, als Frau der 1001 Ideen den beliebten Familienkreativblog „Tollabea" ins Leben gerufen. Silke hat als Journalistin viele Jahre für Familienzeitschriften geschrieben, engagiert sich für Vereinbarkeit und frühe Bildung. Sie arbeitet bei einem Kitaträger und ist – auch als Autorin – im engen Austausch mit Familien. Anders als Béa wurde sie eher spät Mutter, aber sie hat doppelt so viele Kinder, eine Tochter und einen Sohn, die gerade die Schule abgeschlossen haben bzw. kurz vor dem Abi stehen. Wir beide haben aber auch Patenkinder, Nachbarskinder und Nichten ... Für alle Eltern und alle Kinder, die wir kennen, wünschen wir uns mehr Gelassenheit, weniger Scham und mehr Selbstliebe.

Hallo, Welt –
hallo, schlechtes Gewissen!

Kaum ist ein neuer kleiner Mensch auf dem Weg zu uns, schon möchten wir alles, alles richtig machen. Das beginnt nicht erst mit der Geburt, sondern schon in der Schwangerschaft. Als Eltern tragen wir jetzt Verantwortung für ein ganzes Leben – was für eine Aufgabe. Und plötzlich haben wir noch einen neuen Begleiter: das schlechte Gewissen! Gehören Schuldgefühle zum Elternsein unbedingt dazu?

Große Erwartungen und große Gefühle

Wie? Glücksmomente genießen, obwohl Klimakatastrophe, Inflation und Chancenungleichheit noch immer da sind? Als Menschen haben wir so große Aufgaben. Gerade Frauen haben es schon als kleine Mädchen gelernt: Da musst du dich kümmern! Eine gute Frau ist engagiert und erfolgreich im Beruf, hat einen großen Freundeskreis, reist gern, besucht regelmäßig ihre Eltern und auch Oma im Seniorenheim, hat ein sauberes, liebevoll eingerichtetes Heim, kümmert sich um ihre Gesundheit und ihren Körper und hat auch eine Partnerschaft, die sie voll erfüllt. Erwartungen werden an sie gestellt und sie selbst hängt den Anspruch auch hoch. Irgendetwas genügt nicht? Ist nicht gut genug? Schon sind da erste Schuldgefühle. Tatsächlich ist es auch bei Männern ähnlich. Die Erwartungen werden immer höher. Die anderen, die Tollen da draußen auf Instagram und den anderen Kanälen, die schaffen das doch auch? Vielleicht kommen dir solche Gedanken bekannt vor? Das Fiese ist ja: Die Ansprüche, die andere – und vor allem wir selbst – an uns stellen, werden nicht weniger.

Die ersten Schuldgefühle ziehen tatsächlich nach einem positiven Schwangerschaftstest ein. Ein Baby! Wir werden eine Familie! Aber von wegen „guter Hoffnung" sein, mit der großen Freude kommen gleich die ersten Zweifel und Sorgen: Schwangere bekommen eine lange Liste mit Dingen, die jetzt bitte zu unterlassen sind. Schwiegermama und die aufdringliche Kollegin aus der Buchhaltung haben wichtige Ratschläge. Und dann ist es da, das schlechte Gewissen, und es wächst. Das Ziehen im Bauch – oje, war es falsch, dass ich gestern doch einen sehr langen Spaziergang gemacht habe? Oder nicht gemacht habe? Bekommt mein Baby im Bauch später eine Lebensmittelunverträglichkeit, wenn ich jetzt zu viel Kuhmilch trinke? Oder habe ich zu wenig Kalzium und brauche mehr? Und überhaupt, ich mache mir so viele Sorgen, das soll ja auch schlecht für das Ungeborene sein ... Eigentlich sollte ich als werdende Mut-

ter doch rosig, glücklich und voller Vorfreude sein? Die Realität von Schwangeren entspricht nicht dem schönen Wunschbild. Übelkeit, schwere Beine, Rückenschmerzen und Ängste passen so gar nicht ins Heile-Welt-Bild. So viel gibt es zu bedenken, so viele Entscheidungen, so viele Informationen und so viele Widersprüche.
Welche Untersuchungen müssen sein, wie und wo wollen wir wohnen, wie organisieren wir das Familienleben? So viele Gedanken und so viele Sorgen. Ging es dir auch so? Oder warst du wirklich eher unbesorgt? So oder so – viele Mütter haben Schuldgefühle, wenn sie an die Schwangerschaft denken. „Ich hätte mir mehr Gedanken machen sollen." Oder: „Ich habe die Zeit nicht genossen und zu viel gegrübelt, das hat das Baby bestimmt gespürt."

Schuldgefühle machen uns nicht zu besseren Eltern

Überall bekommen werdende und frischgebackene Eltern reichlich Informationen, Tipps, Ratschläge und Erziehungsgrundsätze! Was Babys und Kinder nicht alles unbedingt brauchen, um sich zu glücklichen, erfolgreichen und wertvollen Menschen zu entwickeln. Wie, das Kind hat einen Schnuller? Ach, ihr tragt es wirklich im Tragetuch? Oh nein, ihr schiebt es im Kinderwagen?
Na klar ist jede Entscheidung nicht nur für etwas, sondern auch gegen etwas. Und damit dann auch sofort falsch. Wiege oder Familienbett? Stoff- oder Wegwerfwindel? Nein, nein, sagen sofort kritische Mitmenschen. Hallo, schlechtes Gewissen. Oder gar Schuldgefühle. Das Problem mit beidem ist, dass sie uns leider nicht zu besseren Eltern machen.
Wer Schuldgefühle mit sich schleppt, ist ängstlich, unentspannt und hat miese Laune. Das aber ist auch nicht gut für das Kind. Es soll doch glückliche Eltern haben. Ich müsste mich doch freuen, ich sollte mehr für mein Kind tun ... Bin ich also schon jetzt eine schlechte Mutter? Das schlechte Gewissen wächst und multipliziert sich selbst.

Jeden Tag wird dieses mulmige Gefühl – meist ganz unbemerkt – ein klitzekleines bisschen größer. Gefüttert wird es in den vielen kleinen Situationen des Elternalltags.

***Béa:** „Meine Tochter Carina war einige Wochen alt. Ich versuchte, sie zu stillen. Sie war eine langsame Trinkerin, schlief oft an der Brust ein und trank insgesamt kleine Mengen. Kein Problem, dachte ich mit meinen 21 Jahren, machen wir easy. Ich hatte romantische Bilder von stillenden Müttern mit rosigen, glücklichen Babys im Kopf ... die mit der Realität null übereinstimmten. Das Stillen dauerte, Mademoiselle ließ sich Zeit, nuckelte, es verging Zeit und ich **langweilte** mich brutal. Damals hatte nicht jeder jederzeit ein Smartphone in der Hand, aber es gab Bücher. Aber durfte ich das? Einfach lesen? Ich hatte das Gefühl, ich würde die Beziehung zu meinem Kind vernachlässigen, wenn ich beim Stillen etwas anderes tue, als es verliebt anzuschauen und jeden Schluck und jeden Hicks mit Mutterglück zu quittieren! Ich fühlte mich wie eine Verräterin."*

Gewissensbisse mit der Muttermilch?

Fast alle Stillenden kennen das Gefühl der Langeweile und schämen sich dafür. Béa fand für sich und ihre Kleine eine Lösung:

„Ich kam auf die Idee: Ich kann die Texte auch laut vorlesen. Das hat zwar an der Trinkgeschwindigkeit meines Babys und an der aufgenommene Milchmenge nichts geändert, aber ich habe mich besser gefühlt... Ich dachte: ‚Kleines, jetzt kannst du mit studieren' – und mein schlechtes Gewissen nahm ab."

Es ist unmöglich, diese toughe Herausforderung namens Elternschaft ohne schlechtes Gewissen zu meistern. Denn Mütter und Väter tragen Verantwortung. Die allerdings scheint manchmal unendlich schwer mit vielen Sorgen, Vorwürfen und eben auch Schuldgefühlen. Wieso eigentlich? Was genau sind Schuldgefühle, was haben sie mit dem schlechten Gewissen zu tun – kann man wirklich Kinder ganz ohne Selbstvorwürfe erziehen?

Was sind Schuldgefühle?

Wer in die Suchmaschine „Eltern" und „Schuldgefühl" eingibt, wird sehen – es gibt reichlich Treffer. Eltern und Schuld scheinen eng verbunden zu sein. Fangen Schuldgefühle mit einem schlechten Gewissen und einem dumpfen Grummeln im Bauch an? Das ist von Mensch zu Mensch sehr unterschiedlich. Schuldgefühle können zig körperliche und seelische Reaktionen auslösen: Erröten, innere Unruhe, Schwitzen, Ärger, Panik, depressive Verstimmungen, Magen- oder Rückenprobleme, massive Selbstzweifel und die ständige Sorge, etwas nicht richtig zu machen. Okay, hier also den Anfang zu suchen, ist schwierig.

Um zu überlegen, wie mit diesen Gefühlen umgegangen werden kann, müssen wir sie uns genauer angucken. Jede und jeder hat starke Gefühle, Wut, Hass, Angst, Scham. Über mächtige Emotionen und was sie für Menschen bedeuten, haben schon die griechischen Philosophen Betrachtungen geschrieben, und ob Religion, Biologie oder Psychologie – ziemlich viele Disziplinen beschäftigen sich damit. Wir führen hier keinen Diskurs darüber, sondern fassen zusammen. Sonst müssten wir beim Gilgameschepos oder bei der Ilias von Homer anfangen – denn schon diese alten Schriften beschäftigen sich mit Verantwortung, Gerechtigkeit und Sühne. Aufhören müssten wir dann bei der neuesten Technik und der Frage, wer verantwortlich für Fehler von künstlicher Intelligenz ist. Das führt eindeutig zu weit. Aber was sind Schuldgefühle? „Schuldgefühle finden wir in allen menschlichen Kulturen überall auf der Welt", schreibt Helga Kernstock-Redl. Die Psychologin hat sich umfangreich mit Schuldgefühlen befasst. Sie erklärt, dass diese Gefühle nicht erlernt werden müssten und zur menschlichen

Grundausstattung gehören. „Viele Bereiche unseres Alltags sind von ihnen durchzogen: Sie lenken unsere Entscheidungen und bestimmen mit, wie wir unsere Konflikte lösen ..." Schuldgefühle lösen nicht wie etwa Freude oder Traurigkeit sichtbare Reaktionen aus – Lachen oder Weinen sind deutlich sichtbarer.

***Silke:** „Schuld. Was für ein mächtiges Gefühl. Vor vielen Jahren habe ich diese Zeilen von George Michael in ‚Careless Whisper' gehört: ‚Guilty feelings have got no rythm'. Schuldgefühle haben keinen Rhythmus. Und genau das trifft es so sehr. Wenn ich das Gefühl habe, Menschen nicht gerecht werden zu können oder meinen eigenen Ansprüchen, dann lässt sich das nicht gut beschreiben. Es gibt da keinen festen Rhythmus, kein Ritual, nichts, das es mir leichter macht. So verschieden wie das Rhythmusgefühl, so unterschiedlich sind auch unsere inneren Glaubenssätze. Diese Liedzeile hat mich immer sehr berührt. Erst vor Kurzem habe ich allerdings gehört, dass es gar nicht ‚feelings' heißt, sondern ‚feet', Füße. Finde ich lange nicht so poetisch. Und ich musste mir das auch erst erklären lassen. Falls ihr die Metapher von George Michael genau wie ich auch nicht versteht: Das soll wohl bedeuten, dass ein Mensch, der seinen Partner betrogen hat, sich nicht auf das Tanzen konzentrieren kann (schuldige Füße haben keinen Rhythmus) – andere Baustelle, aber auch nicht so weit weg, weil es rund um Schuldgefühle einfach nur Probleme und Missverständnisse gibt."*

Gebrochene innere Gesetze sorgen für Schuldgefühle

Schuldgefühle wurzeln darin, dass Menschen sich selbst hinterfragen, sich an ihre soziale Gemeinschaft anpassen und dazugehören möchten. Streng genommen entsteht Schuld dann, wenn ein juristisches, moralisches oder sozial anerkanntes Gesetz gebrochen wird. Wenn die ausgewogene Balance von Geben und Nehmen und feststehende Regeln gebrochen werden, laden wir gefühlt Schuld auf uns. Wir fühlen uns schlecht und das kann Angst und Stress auslösen und so für körperliche Reaktionen wie Schweißausbrüche, Magenbeschwerden und vieles mehr sorgen.

Klar, es gibt auch Menschen, die Regeln brechen, etwa Steuern hinterziehen oder gnadenlos lügen, das aber selbst nicht schlimm finden – und so entwickeln sie auch keine Schuldgefühle. Sie sind schuldig, aber tragen die Bürde übler Gefühle nicht, sie empfinden ja keine „Schuld". Schuldgefühle, die innerliche Konflikte auslösen und dafür sorgen, dass jemand sich gar nicht gut fühlt, werden dadurch ausgelöst, dass innerliche Gesetze und Regeln gebrochen werden. Und genau das macht den wichtigen Unterschied aus. Manche Menschen haben sehr viele innere Gesetze und Regeln und ihr innerer Kritiker hat nicht nur einen mahnenden Zeigefinger – er (oder sie) ist ein innerer Scharfrichter. Du hast etwas falsch gemacht? Das wird ganz, ganz schlimme Folgen haben ...

Andere Menschen haben einen sehr wohlwollenden inneren Kritiker, der deutlich lockerere Gesetze und Regeln hat. Das erklärt, wieso es Menschen gibt, die schon starke Schuldgefühle bekommen, sobald sie „Nein, ich möchte das nicht" sagen. Andere wiederum lügen, ignorieren die Bedürfnisse ihrer Mitmenschen, machen so ziemlich alles, wonach ihnen der Kopf steht – und fühlen sich nicht im Geringsten schuldig, sondern sind der Meinung, ihnen stünde ein solches Verhalten zu.

Es gibt keine feste Richtlinie der inneren Gesetze, die für alle gilt. Innere Gesetze wurden uns in unserer Kindheit eingepflanzt – und sie sitzen so tief, dass sie selten wirklich wahrgenommen werden. Sie sind wie die Rillen einer alten Langspielplatte, wurden vor vielen Jahren geprägt und funktionieren scheinbar ganz von allein. Kleine Kinder lernen Sprüche wie „Lieber Gott, mach mich fromm, dass ich in den Himmel komm" und als „gute Kinder" funktionieren sie brav und handeln so, wie es alle von ihnen erwarten. Einige Menschen „funktionieren" so auch noch als hochbetagte Greise. Solange es ihnen dabei gut geht, ist es ja auch kein Problem.

Lebenslängliche Last

Aber sehr oft haben diese Rillen einen Kratzer, dann stimmt etwas nicht mehr. Dann belasten die inneren Gesetze. Ein Beispiel wäre die Regel: „Wenn ich mein Kind liebe, muss ich dafür sorgen, dass es gesund und glücklich ist." Auch wenn das Kind längst erwachsen ist. Natürlich war es irgendwie rührend, dass Silkes Mutter als über 70-Jährige noch nachhakte, ob ihr „Töchterchen" mit inzwischen 40 Jahren auch wirklich eine Mütze im Winter trug. Aber das Gefühl, für jemanden immer und stets verantwortlich zu sein, kann auch sehr belasten. Die Tochter, weil sie sich bevormundet fühlt, die Mutter, weil sie mit jedem negativen Erlebnis ihres Kindes nicht nur mitleidet, sondern sich verantwortlich und voller schwerwiegender Schuldgefühle fühlt. Und das lebenslänglich!

Besonders Menschen mit vielen strengen inneren Gesetzen haben viele Schuldgefühle – sie sind ständig auf der Hut, möchten nichts falsch machen. Im nächsten Kapitel gehen wir auf diesen „Perfektionismus" noch mal ein. Nicht nur, wer immer möglichst alles richtig machen möchte, auch diejenigen, die sehr feinfühlig sind, leiden mit anderen mit – und ist dieses Mitgefühl mit Verantwortung verbunden, entstehen auch hier Schuldgefühle oder ein schlechtes Gewissen.

Scham und Schuld

Sprache macht so viel und gerade Worte wie „Schuld“ und „Scham“ werden viel genutzt und sind gleichzeitig völlig abstrakt. Ein völlig absurdes Beispiel: der Schambereich oder die Schamhaare. Schämen die sich? Haben die etwas falsch gemacht? Was genau schwingt beim Wort „Scham“ eigentlich mit? Es hat verschiedene Bedeutungen. Scham kann bedeuten, das etwas peinlich ist, etwa wenn ich mir kurz vor dem wichtigen Vortrag Kaffee auf die Bluse schütte. Scham kann ich empfinden, wenn ich etwas gemacht habe, was meinen eigenen Ansprüchen nicht genügt. Zum Beispiel wenn ich meinen Partner belüge oder wenn ich mein Kind viel zu spät aus der Kita abhole. Und dann ist da noch die dritte Bedeutung: die Beschämung. Wenn andere den Kübel über mir ausschütten und mich spüren lassen, dass mein Handeln in ihren Augen nicht richtig ist. Zum Beispiel so: „Wie kannst du dein Kind so lange in der Kita warten lassen? Wie soll es da Vertrauen bilden?“

Scham ist mein eigenes Empfinden, ich selbst habe gegen meine eigenen Werte, meine eigenen Ansprüche verstoßen. Beschämung findet von außen statt. Scham kann ich aktiv nutzen – sie führt mich dazu, dass ich mich mit mir und meinen Empfindungen auseinandersetzen kann. Beschämung aber führt vor, grenzt aus und macht die Betroffenen innerlich klein. Die Frage lautet: „Warum schäme ich mich?“ Fühle ich mich verantwortlich, dann verursacht die Scham Schuldgefühle. Und die sind oft nicht ohne. Aber die gute Nachricht: Wer die Warum-Frage beantworten kann, kann aktiv selbst handeln und Verantwortung für die eigenen Gefühle übernehmen.

Wo wir bei Worten sind: Was ist mit dem Begriff „Schuld“? Wer Geld geliehen hat, hat Schulden. Da ist das Wort „Schuld“ auch versteckt. Und gleichzeitig sind Schuld und Scham etwas, über das nicht gesprochen wird. Oft ist es aber auch so, dass zum Beispiel Ursache und Wirkung einfach gleichgestellt werden. Der Starkregen ist schuld daran, dass der Keller überschwemmt wurde – nein, stimmt nicht. Er trägt keine echte Schuld am Wasserschaden, er hat ihn aber verursacht. Genau dieses sprachliche Verwischen passiert in Gedanken auch. Da entstehen krude Thesen. „Wenn ich in der Schwangerschaft alles richtig mache und mich ausgewogen ernähre und jeden Stress vermeide, dann wird mein Kind gesund." Dann wird dieser Glaubenssatz kräftig durchgemischt und daraus wird: „Ist mein Kind nicht gesund, dann bin ich schuld, weil ich nicht richtig gegessen habe und doch Stress hatte."

Aber: Der Regen hatte keine Wahl, das Haus ist so gebaut, dass Wasser in den Keller kommen konnte. Auch die Gesundheit eines Kindes wird von so vielen Faktoren beeinflusst – sehr wahrscheinlich hätten Eltern gar nicht verhindern können, dass Viren sich verbreiten. Aber es sind die fiesen Stimmen im Kopf: Schuldgefühle entstehen meist nur in unserer Fantasie. Es ist nicht wirklich etwas passiert – aber es hätte ja passieren können. Das Baby ist völlig gesund zur Welt gekommen, obwohl ich im dritten Monat rohen Fisch gegessen habe. Die Selbstanklagen jedoch sind real. Oft fußen Schuldgefühle auch nur auf Annahmen. „Wenn ich nicht so früh wieder gearbeitet hätte, wäre der Kitastart besser geworden." Die Gefühle sind real. Aber die Schlussfolgerung ist es nicht zwingend! Ja, es war schwer in der Eingewöhnungszeit in der Kita. Aber das kann auch daran gelegen haben, dass das Kind gespürt hat, wie schwer die Trennung der Mutter fiel, oder daran, dass es selbst noch nicht gut loslassen konnte – und an so vielen weiteren Faktoren. Doch die Mutter hat ein mieses Gefühl, weil sie selbst findet, zu früh in den Job zurückgekehrt zu sein, und so ihre Gefühle übertragen.

Sicher gibt es Dinge, bei denen Eltern wirklich Schuld auf sich laden. Wenn sie ihre eigene Wut nicht kontrollieren können und ein Kind schlagen oder wenn sie betrunken einen Unfall verursachen. Die daraus entstehenden Schuldgefühle sind vom Ausmaß aber nicht unbedingt von „Fantasieschuldgefühlen" zu unterscheiden. So oder so verursachen Schuldgefühle körperlichen und seelischen Stress. Sie können krank machen, lassen uns in Situationen verharren, die nicht guttun, sorgen im Übermaß für Trauer, Lähmung und depressive Grübelschleifen.

ZWEIFEL AN DEINEN ZWEIFELN

Vielleicht sollten wir mal die Zweifel anzweifeln und nicht alles, was wir denken, auch glauben. Ein kleiner Trick hilft dabei: „Ich lausche meiner inneren Stimme und sage mir dazu, dass dies die Geschichte ist, die ich mir selbst erzähle. Dadurch mache ich mir klar, dass es möglicherweise auch andere Sichtweisen oder Perspektiven gibt. Und finde sie dann auch."

Gutes oder schlechtes Gewissen?

Was haben die Schuldgefühle mit dem Gewissen zu tun? Ziemlich viel, denn das Gewissen ist sozusagen der Ort, an dem die Schuldgefühle leben. Das Gewissen gilt als innerer Spiegel der Emotionen und als Instanz im Bewusstsein des Menschen, die darüber entscheidet, ob eine Handlung mit dem übereinstimmt, was der Mensch für sich selbst als richtig und stimmig erachtet.

Schuld, Sühne, Moral und Gewissen – mit diesen Themen beschäftigen sich Philosophie, Theologie, Psychologie und Sozialwissenschaft, aber auch die Neurologie, Entwicklungspsychologie und die Entwicklungsbiologie. Sie alle haben spannende Ansätze, sie erklären beispielsweise, welche Areale im Hirn besonders angesprochen werden. Interessant ist, dass es kaum Forschungen gibt, die mehrere Disziplinen vereinen. Es gibt neurowissenschaftliche Studien über die Zusammenhänge zwischen moralischem Denken und Fühlen. Viele Entscheidungen unseres Gewissens hängen von instinktiven Grundemotionen ab. Schuld und Scham entstehen mit den ersten Erfahrungen der sozialen Anerkennung oder Missachtung. Sie nehmen vorher bereits vorhandene Emotionen wie Ärger oder Ekel auf. Ab welchem Alter und wie diese Prägung stattfindet, darüber gleich im nächsten Kapitel mehr. Interessant ist, dass Untersuchungen der Neurowissenschaft zeigen, dass Schuld und Ekel verwandt sind. Denkt eine Versuchsperson über Schuldgefühle nach, so leuchtet auf Bildern des Gehirns die gleiche Hirnregion auf, die auch für Ekel zuständig ist – Schuldgefühle sind also so etwas wie Ekel vor sich selbst.

Schuld- und Schamgefühle gehören deswegen zum Gewissen, weil sie eng mit Entscheidungen und Handlungen verbunden sind. Wenn wir zufrieden mit uns sind, fühlen wir uns gut. Unser Gewissen ist unser Kompass, unser Hilfsmittel, mit dem wir beurteilen, ob wir anderen Schuld zufügen können. Wenn wir uns verantwortlich fühlen, entscheidet das Gewissen, ob wir uns gut oder schlecht fühlen, so wie im Beispiel von Nathalie Klüver:

„Mein schlechtes Gewissen fing bereits im Kreißsaal an: Mein erstes Kind musste nach 20 Stunden Wehen mit einem Kaiserschnitt geholt werden, da es schlicht zu groß war und feststeckte. Ich fühlte mich wie eine Versagerin, hatte man mir doch erfolgreich in diversen Medien und im Geburtsvorbereitungskurs eingebläut, dass nur eine natürliche

Geburt eine gute Geburt ist. Nach zwei weiteren natürlichen Geburten kann ich sagen: Das spirituelle Erlebnis blieb aus und die Bindung ist zu allen drei Kindern gleich. Es gibt kein Versagen! Und von da an war das schlechte Gewissen ein Begleiter, den man als Mutter nur schwer abschütteln kann. Brei im Gläschen? Schlechtes Gewissen! Kind kurz schreien lassen, weil ich mich erst abgetrocknet habe, bevor ich aus der Dusche stieg? Schlechtes Gewissen. Das ging so weiter: Kind ohne Mütze, Kind ohne Handschuhe, keine Apfelschnitze und Dinkelstangen auf dem Spielplatz dabei, Kind nicht bei zig Frühförderkursen, Kind zu früh und zu lange Kinderserien schauen lassen. Selbst jetzt packt mich manchmal noch das schlechte Gewissen, wenn mein großer Sohn mit seinen 12 Jahren mal wieder zu lange Minecraft zockt oder ich ihn beim Celloüben nicht auf dem Klavier begleite …“

Wäre es nicht wunderbar, wenn wir alles stets mit gutem Gewissen machen könnten? Aber halt – unser Gewissen ist unser Kompass. Und ein schlechtes Gewissen will uns eigentlich nicht ärgern – es möchte uns etwas mitteilen. Eltern haben aber ganz oft nicht nur ein schlechtes Gewissen. Schuld- und Schamgefühle kommen noch gratis mit dazu.

Schlechtes Gewissen und Bindungsstil

Die Neigung, ein schlechtes Gewissen zu empfinden und dementsprechend Stress zu erleben, steht in enger Verbindung mit den Bindungsstilen, die sich aus den frühen Erfahrungen in Beziehungen entwickeln. Diese Bindungsstile sind entscheidend für die Art und Weise, wie Individuen in späteren Beziehungen interagieren und auf emotionale Situationen reagieren:

- Sicherer Bindungsstil: Menschen mit einem sicheren Bindungsstil haben in der Regel gesunde Beziehungen und eine positive Sicht auf sich selbst und andere. Sie neigen weniger dazu, ein schlechtes Gewissen zu empfinden, weil sie ihre Bedürfnisse und die ihrer Mitmenschen ausgewogen betrachten können. Sie sind eher in der Lage, Stress konstruktiv zu bewältigen, und fühlen sich in ihren Beziehungen sicher und unterstützt.

» Ängstlicher/ambivalenter Bindungsstil: Personen mit diesem Stil neigen dazu, sich übermäßig um die Anerkennung und Liebe anderer zu sorgen. Sie können ein stark ausgeprägtes schlechtes Gewissen haben, denn sie befürchten, andere zu enttäuschen oder zurückgewiesen zu werden. Dieser fortwährende Stress um die Beziehungen kann zu Angst und anhaltender Besorgnis führen – und ein übermächtiges schlechtes Gewissen nähren!

» Vermeidender Bindungsstil: Menschen mit einem vermeidenden Bindungsstil neigen dazu, emotionaler Nähe auszuweichen und ihre Unabhängigkeit stark zu betonen. Sie können ein schlechtes Gewissen unterdrücken, um sich vor Verletzlichkeit zu schützen. Dies kann jedoch zu innerem Stress führen, besonders in Situationen, die emotionale Reaktionen erfordern oder in denen sie sich emotional engagieren müssen.

» Desorganisierter oder ängstlich-vermeidender Bindungsstil: Dieser Stil ist oft mit Unstimmigkeiten und Widersprüchen in Beziehungen verbunden. Personen mit diesem Bindungsstil können unter intensivem Stress leiden, weil sie Schwierigkeiten haben, ihre Gefühle zu verstehen und auszudrücken. Ein schlechtes Gewissen kann in dieser Gruppe besonders verwirrend sein, da sie sich oft innerlich zerrissen fühlen.

Wo komme ich also her? Welche Form der Bindung hatte ich zu den Menschen, die mich geprägt haben? Das beeinflusst, wie sich das eigene Gewissen entwickelt hat. Hier kannst du ein wenig innehalten und überlegen: Wer hat mich da beeinflusst? Das ist ein erster Schritt, um sich den eigenen inneren Stimmen, dem schlechten Gewissen und den eigenen Schuldgefühlen zu nähern. Damit legst du die Basis, um es anders zu machen. Darauf kommen wir später zurück.

Das schlechte Gewissen braucht einen Namen

Jetzt seid ihr gleich an der Reihe, denn so unterschiedlich die inneren Gesetze sind, so unterschiedlich ist auch das schlechte Gewissen. Damit wir uns näher mit ihm befassen können, gucken wir es mal genau an. Hier ist ein schlechtes Gewissen. So hat es Béa gezeichnet und es begleitet dich mit seinen verschiedenen Gesichtern durch dieses Buch. Es kann strafend gucken, seine Haare rauft es gern und manchmal ist es finster. Aber wie stellst du dir dein schlechtes Gewissen vor?

Hat dein schlechtes Gewissen einen Namen? Schlegewi wie „schlechtes Gewissen", Helga wie die strenge Großtante? Oder ist es einfach da, und ihr habt euch gar nicht weiter mit ihm beschäftigt? Mal ist es ganz klein, mal sehr groß. Aber wenn es da ist, das schlechte Gewissen, dann kann es schon ziemlich nerven.

Schuldgefühle – *woher kommen sie?*

Ein gutes Gewissen ist ein sanftes Ruhekissen, doch wie sieht es mit dem schlechten Gewissen aus? Schuldgefühle können so unterschiedlich sein und viele Farben oder Formen annehmen. Aber sie sind gar nicht nur fiese Quälgeister. Genau betrachtet, können sie wertvolle Wegweiser sein.

Das ganz eigene Schuldgefühl

Jedes schlechte Gewissen und jedes Schuldgefühl ist anders. Wie sieht deins für dich aus? Vielleicht möchtest du es aufmalen. Und wie fühlt es sich an? Es könnte rau und kratzig sein, widerborstig oder fusselig. Oder doch eher schleimig und schwer greifbar? Versuche, es dir ganz genau vorzustellen. Hat es auch so eine Brille, mit der es immer viel zu genau hinguckt? Wechselt es die Farben? Wie klingt seine Stimme: schrill und keifend, zänkisch oder sogar leise und sanft? Natürlich ändert sich so ein schlechtes Gewissen auch.

Ein schlechtes Gewissen ist ein klein wenig wie die Kinderbuchfigur der kleinen Motzkuh. Diese kleine grüne Kuh setzt sich unbemerkt und ungesehen auf die Schulter oder den Kopf und dann fängt sie an, gemeine Gedanken einzuflüstern. Zack, bekommt derjenige, bei dem sie gelandet ist, sehr schlechte Laune und motzt rum. Das mag die Motzkuh, sie verbreitet unendlich gern schlechte Stimmung. Erst wenn sie gesehen wird, ist es möglich, sie loszuwerden.

Ein schlechtes Gewissen kann ebenfalls ein sehr penetranter lästiger Begleiter sein. Deswegen gucken wir es jetzt ganz genau an, denn nur dann kannst du dein schlechtes Gewissen wirklich loswerden. Hilft das auch gegen belastende Schuldgefühle? Darauf kommen wir später zurück.

***Silke:** „Mein schlechtes Gewissen hatte bisher keinen Namen. Spontan fiel mir ein: Ruth, die Rastlose. Das ist tatsächlich mein zweiter Vorname … Ruth hat eigentlich eine angenehme Stimme – aber sie hört nicht wieder auf, auf mich einzureden, wenn sie sich meldet. Wenn sie einmal anfängt, dann bekomme ich immer gleich die volle Dröhnung: ‚Wie sieht es denn hier aus? Räum mal auf. Und denk daran, dass du auch noch viel arbeiten musst. Zeit für die Kinder muss auch sein und, und, und …‘ Aktuell sind ihre Lieblingsplätze der Waschkeller und mein Schreibtisch. Und ihr Lieblingssatz lautet: ‚Du musst das alles schaffen, stell dich nicht so an.‘“*

Béa: *„Mein schlechtes Gewissen ist eine wiederkehrende Seifenblase namens Conschti. Das ist nicht Süddeutsch, das ist eine Abkürzung aus dem Rumänischen: ‚conştiinţă'. Gewissen. Conschti schwebt über mich und – plopp – platzt sie und platscht mir ins Gesicht. Nicht schmerzhaft, nicht bedrohlich, aber nervig. ‚Plopp, warum hast du beim Elternabend deine große Klappe nicht halten können und dir jetzt so viel Arbeit aufaufgehalst?' Oder: ‚Platsch, die Termine sind alle Spitz auf Knopf … ist das denn gesund für dich?'"*

Fast jedes schlechte Gewissen hat ein paar Lieblingssätze. Und es hat Orte, an denen es sich besonders wohlfühlt. Die Stimmen eines schlechten Gewissens sind aber nicht nur an Arbeitsplätzen, im Haushalt oder bei der Sparkasse laut. Sie melden sich meist unverhofft und vor allem wird der Chor der Stimmen besonders laut, wenn ein Baby geboren wird. „Hey, du bist jetzt für einen winzigen Menschen verantwortlich!"

Wie diese Stimmen klingen und vor allem mit welchen Worten sie sprechen – das ist wichtig. Je deutlicher wird, wie dein schlechtes Gewissen aussieht, was es geprägt hat und was für ein Typ es ist, desto klarer kannst du es sehen. Und dann ergeht es ihm wie der kleinen Motzkuh: Es verliert seine bedrohliche Macht – und kann dann ein Wegweiser sein.

Sätze, die das schlechte Gewissen groß werden lassen

Die Kernsätze des schlechten Gewissens werden früh geprägt. Klar, denn Kinder lernen, dass es in der Familie, in der Kita, in der Gesellschaft Regeln und vor allem auch Erwartungen gibt.

Was für Sätze hast du früher gehört? Vielleicht solche:

» Wasch dir die Hände, sonst wirst du krank.
» Nur artige Kinder bekommen Geschenke.
» Du bist schuld, dass wir zu spät kommen.
» Große Kinder weinen nicht.
» Wenn du den Teller nicht leer isst, regnet es morgen.

- Wenn du dich nicht anstrengst, wird nichts aus dir.
- Sei immer höflich, sonst mögen dich die Leute nicht.
- Teile deine Spielsachen, sonst denken alle, du bist geizig.
- Wenn du dein Zimmer nicht aufräumst, bekommst du nichts Neues.
- Wenn du nicht nett bist, möchte dich niemand als Freundin.
- Jedes Mal, wenn du lügst, bekommt ein Engel schwarze Flügel.

Solche Sätze brennen sich ein und werden ein Teil des Gewissens. Kannst du die Liste noch erweitern? Welche Sätze haben dich geprägt?

Auch durch nonverbale Signale, Mimik und Stimmlage der anderen lernen Kinder. Ein strenger Blick, die Verweigerung einer Umarmung oder gar Wegdrehen – all das zeigt: Dein Verhalten war nicht richtig. Du hast gegen Regeln und Erwartungen verstoßen.

Eine typische Situation ist der Einkauf im Supermarkt. Ein kleines Kind reißt Suppendosen aus dem Regal. Wie reagiert seine Mutter? Mutter A runzelt die Stirn und räuspert sich. Ihr Kind kennt dieses Räuspern und weiß: „Meine Mama ist jetzt sehr böse." Mutter B nimmt sofort die Dosen in die Hand und räumt alles zurück. Kummervoll sagt sie: „Ach, nur wegen dir habe ich jetzt so viel Arbeit. Und die Leute im Supermarkt sind alle böse auf uns." Und Mutter C? Die sagt mit ruhiger Stimme: „Das geht nicht. Wir brauchen nur eine Dose. Komm, die packst du in den Wagen und dann räumen wir die anderen wieder ein. Vielleicht fragt das Kind von C später: „Warum geht das nicht?"

Jede der drei Mütter sorgt für unterschiedliche Gewissensstimmen. Welche Schlussfolgerungen ziehen kleine Kinder daraus? Haben sie das Gefühl, dass ihr Verhalten schlecht ist – oder sie selbst? Alle drei Kinder lernen: Es gibt Regeln, an die ich mich halten muss. Das Kind von Mutter A lernt zusätzlich: Wenn ich mich nicht wie erwartet verhalte, werde ich nicht gesehen, spricht meine Mutter nicht mir.

Das der zweiten Mutter erfährt: Ich bin schuld (da sind schon die ersten Schuldgefühle!) daran, dass meine Mutter so viel Arbeit hat und andere böse auf sie und auf mich sind. Kind C aber lernt: Fehler dürfen passieren und mit Unterstützung kann ich die Situation wiedergutmachen.
Aber nicht nur Eltern sorgen für die Stimmen des Gewissens. Gerade in der magischen Phase, ab etwa drei Jahren, glauben Kinder ganz fest an „Wenn – dann". Wenn ich alles aufesse, scheint die Sonne. Wenn ich immer lieb bin, dann schimpft Papa nicht. Und wenn die Sonne nicht scheint oder mit mir geschimpft wird? Dann habe ich meine Aufgabe nicht richtig erfüllt. Sie sind fest überzeugt, dass ihr Handeln schwere Konsequenzen haben kann. Je „schlechter" sie sich verhalten, je mehr sie gefühlt scheitern, desto schlimmer. Aus diesem magischen Denken können auch innerliche Beschwörungsformeln werden. Immer zwei Bonbons essen, aufpassen beim Muster der Pflastersteine. Wenn ich alles richtig mache, werde ich belohnt. Wer so denkt, hat Macht. Die Macht, alles zu beeinflussen, heißt aber auch, für alles verantwortlich zu sein. Puh. Was daraus entstehen kann? Dieser Glaubenssatz:

Wenn ich alles perfekt mache, wird alles gut.

Kommt dir dieser Gedanke vertraut vor? Es ist eine Variante des magischen Denkens. Hast du selbst schon so gedacht? Ein kleines bisschen erinnert er an Stoßgebete: „Bitte mach, dass es keine 6 geworden ist. Ab morgen mache ich alle meine Hausaufgaben." Klar, es ist ein Denken, das Kinder haben. Es setzt einerseits eine enorme eigene Macht voraus, etwa das Wetter durch Aufessen beeinflussen zu können, zum anderen aber – gibt es Verantwortung ab. Hä? Indem nicht du selbst für die Konsequenz verantwortlich bist, sondern die höhere Macht, die aufpasst, dass du alles „perfekt" machst.

Genau deswegen glauben viele an eine höhere Macht oder suchen einen Verantwortlichen, einen Sündenbock. Nicht ich bin dafür verantwortlich, dass mein Kind im Streit beißt, das ist Aufgabe der Erzieherin. Aber es gibt auch sehr viele, die nicht etwa Verantwortung abgeben, sondern annehmen. Und hier können Regeln und ein fester Verhaltenskodex auch Sicherheit geben.

Meine Regeln, mein Gewissen?

Die eigene Prägung zeichnet unser schlechtes Gewissen. Wann taucht es zum ersten Mal bewusst auf? Welche Regeln hat es?
Béa: *„Meine früheste Erinnerung in Sachen Conschti ist eine Last, die ich jahrelang durchs Leben mitgetragen habe. Mein Vater war oft eifersüchtig und hatte meine Mutter in Verdacht, dass sie mit einem Arbeitskollegen flirtete. Ich war fünf oder sechs Jahre alt, als ich den Tag bei ihr im Büro verbracht hatte. Mein Vater hat mich so ausgefragt, dass ich irgendwie erzählt habe, dass meine Mutter sich lange mit ihrem Kollegen unterhalten hat. Auf jeden Fall ploppte Conschti immer wieder mit ‚Du hast sie verraten!' auf und ich habe nie den Mut gehabt, ihr zu erzählen, wie sehr mich das belastet hat …"*
Gemeldet hat Béas Gewissen sich, als sie gegen eine innere Regel verstoßen hat: „Ich verhalte mich loyal."
Schuldgefühle kommen in vielen Farben, Formen und einem ganzen Bauchladen voller Regeln. Wann genau sie auftauchen, ist wichtig. Und das kann sehr unterschiedlich sein. Das schlechte Gewissen taucht zum Beispiel auf …

- » wenn du krank bist, Ruhe brauchst und dich nicht so um dein Kind kümmern kannst, wie du es möchtest.
- » wenn dein Kind fremdelt, in der Autonomiephase ist und du das Gefühl hast, alles falsch zu machen.
- » wenn du zwei Kinder hast, beide weinen und du weißt, dass du ihnen nicht gleichzeitig gerecht werden kannst.

» wenn du wieder nur eine Tiefkühlpizza aufwärmst und die Ernährung nicht ausgewogen ist.
» wenn du müde und ungeduldig bist und deinem Kind nicht genug Aufmerksamkeit gibst.
» wenn du endlich Zeit für dich möchtest und keine Lust mehr auf eine Einschlafbegleitung hast.
» wenn du keine Lust hast, Rollenspiele zu spielen oder zu basteln.
» wenn du kein ausgeklügeltes Freizeitprogramm absolvieren möchtest.
» wenn du viel zu laut und heftig geschimpft hast.
» wenn du dich bei deinen Eltern nicht gemeldet hast.
» wenn du zu lange ins Smartphone geguckt hast oder zu viel arbeitest und den Kindern nicht die volle Aufmerksamkeit gewidmet hast.

Fast jede und jeder kennt solche Situationen nur zu gut. Und darum geht es in den nächsten Kapiteln dieses Buches, um genau diese Grübelfallen des Elternalltags und mögliche Lösungen. Denn das schlechte Gewissen, das nervt. Lisa Harmann, drei Kinder, Journalistin und Autorin, beschreibt es so:
„Ich hatte als Elternteil in unzähligen Situationen ein schlechtes Gewissen. Und das halte ich auch für normal, schließlich geht es bei unseren Kindern um die wichtigsten Menschen in unserem Leben. Ich hatte ein schlechtes Gewissen, wenn ich erst den einen Zwilling stillte und der andere warten musste. Ich hatte ein schlechtes Gewissen, wenn ich die Kinder mal beim Papa ließ und der Abschied nicht einfach war. Und ich habe heute auch noch manchmal ein schlechtes Gewissen, wenn ich sie zu lang an den Medien rumdaddeln lasse, wenn ich auf Geschwisterstreit selbst laut und ausfallend reagiere oder wenn es – manchmal sind es banalste Gründe – mal wieder Tiefkühlpizza zum Abendessen gibt."

Was für ein schlechtes Gewissen wohnt denn hier?

Warum das schlechte Gewissen so nervt? Weil es so hartnäckig ist. So unterschiedlich es heißt, ob Ruth oder Conschti, so sehr kann es auch variieren, es gibt ganz unterschiedliche Typen, die verschiedene Kernsätze und verschiedene Lieblingsorte haben. Hier eine kleine Typologie:

Das Grübel-Übel

- Kernsatz: „Denk lieber noch einmal nach."
- Lieblingsort: Kopfkissen, beim Einschlafen. Da wirft das Grübel-Übel gern das Gedankenkarussell an und der Tag wird noch mal reflektiert. Hätte er nicht besser laufen können, konnten alle Bedürfnisse der Liebsten erfüllt werden?

Der Kontrolleur

- Kernsatz: „Du trägst die Verantwortung!"
- Lieblingsort: Sofa, gerade wenn du es dir gemütlich machen möchtest. Sind alle wichtigen Aufgaben erledigt? Hat der Partner wirklich den Strom abgelesen, das Kind die Hausaufgaben erledigt? Lieber noch mal überprüfen, denn wenn da Fehler sind, bist du verantwortlich. Du musst stets alles genau überwachen.

Die Gewissenhafte

- Kernsatz: „Ich mach das lieber noch mal."
- Lieblingsort: Schreibtisch und Kinderzimmer. Ist die Exceltabelle wirklich korrekt ausgefüllt, an der ich so lange gearbeitet habe? Habe ich den kleinen Popo beim Windeln wirklich ausreichend gesäubert? Lieber noch einmal überprüfen und ganz gründlich arbeiten, findet die Gewissenhafte.

Die Kümmerin

- Kernsatz: „Wie kann ich helfen?"

» Lieblingsort: immer da, wo die anderen sind. Die Kümmerin ist stets hilfsbereit, übernimmt Aufgaben und liebt es, für andere da zu sein, sie zu bekochen, zu umsorgen und mit Tee, Decken und ganz viel Liebe zu versorgen. Wenn sie nichts tun kann, fühlt sie sich hilf- und machtlos.

Der Ängstliche

» Kernsatz: „Wenn das mal gut geht!"
» Lieblingsort: im Straßenverkehr, vor der Kita, in der Arztpraxis. Oh, es gibt so viele Gründe, Angst zu haben, findet dieser Typ. Vorsorge ist immer mit Sorge verbunden und vielleicht ist die Bremse kaputt? Und hat der Dreijährige wirklich die Regenhose dabei?

Der Zornige

» Kernsatz: „Was soll das denn?"
» Lieblingsort: das Badezimmer und das stille Örtchen. Er regt sich gern auf. Und wird laut und wütend. Guck dich doch mal an! Sieht so ein glücklicher Elternteil aus? Glaub ja nicht, dass du in Ruhe nachdenken kannst, du kannst eh nur alles falsch machen.

Der Opfertyp

» Kernsatz: „Warum passiert das immer mir?"
» Lieblingsort: Mäuseloch. Ach, alle anderen behandeln mich immer sooo schlecht. Warum nur habe ich das nicht geahnt?

Die treue Reue

» Kernsatz: „Ich habe Schuld auf mich geladen."
» Lieblingsort: harter Stuhl. Mit anhänglicher Treue kommt die Reue zu Besuch. Sie ist überzeugt: Du hast einen schweren Fehler begangen, hast jemanden verletzt und ihm Unrecht getan.

Ist dein Typ dabei? Oder ist dein schlechtes Gewissen eine Mischung? Mischtypen sind nämlich gar nicht selten. So oder so – es gehört dir allein. Und wie du reagierst, ist typabhängig.

Guten Gewissens – auch wenn es wehtut

Ein schlechtes Gewissen, das kommt – je nach Typ – gelegentlich, als Grundrauschen oder aber chronisch vor. Schwierig wird es, wenn es so massiv belastet, dass es lähmt oder zu schweren körperlichen Belastungen führt. Dann ist dringend Unterstützung nötig.

Aber auch die gelegentlichen Stimmen können sehr belastend werden und darum wird es gleich um die verschiedenen Situationen und Bereiche gehen, in denen sie sich melden. Denn worauf kommt es im Umgang mit Schuldgefühlen wirklich an? Der dänische Experte Jesper Juul erklärte Silke einmal persönlich in einem Interview: „Alle Eltern machen Fehler. Du wirst nie alles richtig machen." Fehler zu machen, so Jesper Juul, gehört zum Leben. Aber es käme darauf an, daraus zu lernen.

Und wenn ich etwas wiedergutmachen muss?

Was heißt „gutmachen"? „Reue" und „Wiedergutmachung" sind schwierige Begriffe. Wer sich schuldig fühlt, hat Angst vor Konsequenzen. Ist „die Tat" nicht wirklich ein Rechtsbruch, für den sich Anwälte und Richter interessieren, dann habe ich gegen ein eigenes Gesetz verstoßen. Und mein schlechtes Gewissen flüstert mir ins Ohr: „Was bist du denn für ein Elternteil!"

Aber da es zum Leben gehört, Fehler zu machen, gehört es auch dazu, aus ihnen zu lernen. Es ist nicht deine Schuld, wenn du Fehler machst. Es ist deine Schuld, wenn du nichts daraus lernst. Zum Lernen gehören zwei Dinge: eigene Fehler anzunehmen und sich zu hinterfragen. Und als Drittes auch: sich selbst zu verzeihen. Gar nicht so einfach. Das Entscheidende: Söhnst du dich mit deinen Schuldgefühlen aus, dann nimmst du ihnen die Macht über dich. Und damit wirst du aktiv gegen Angst, Ohnmacht oder ätzende Selbstabwertung. Haben deine Schuldgefühle vielleicht einen Satz, den sie sehr gern sagen?

ICH SOLLTE ...
Sätze, die mit „Ich sollte ..." anfangen, belasten. Je öfter du den „Ich-sollte"-Knopf drückst, desto größer wird das Gefühl, wieder etwas nicht erreicht, nicht erledigt zu haben. Achte auf deine inneren Worte und ersetze mit: „Wenn ich will, dann ..."
Also nicht: „Ich sollte noch die Steuererklärung machen", sondern: „Wenn ich will, dann mache ich die Steuererklärung." Fühlt sich komisch an? Versuch es, das kann Blockaden lösen!

Das schlechte Gewissen annehmen

Und was ist, wenn gar kein Fehler gemacht wurde? Man sich mies fühlt, weil man sich nicht angemessen über ein Geschenk freut, sich verantwortlich fühlt für ein enttäuschtes Kindergesicht oder ein kaputtes Auto? Da sind fiese Fragen wie „Was hätte passieren können?" samt übelster Bilder im Kopf, das Gefühl, es nicht gut genug gemacht zu haben, oder Sorgen, die eigentlich unberechtigt sind („Das Kind wird Mangelerscheinungen bekommen, wenn ich nicht täglich frisch und ausgewogen koche"). All diese Gedanken zeigen uns: Unser schlechtes Gewissen hat nicht immer recht. Aber es ist da. Es hat Orte, an denen es gern auftaucht und belastet.
Dagegen hilft am besten, es näher kennenzulernen. Und jetzt?
Nun kannst du es willkommen heißen und fragen: „Moin, Ruth, hallo, Contschi! Warum bist du da, schlechtes Gewissen?" Wenn du es erkennst, ihm zuhörst und mit ihm in den inneren Dialog gehst, kann es ein wertvoller Wegweiser werden.

GESPRÄCH MIT DEM SCHLECHTEN GEWISSEN

Mach es dir gemütlich. Nimm dir für diese Übung Zeit, vielleicht auch einen heißen Kakao oder eine Tasse Tee. Atme tief und bewusst ein:

Hallo, ... (Name einfügen), da bist du. Was ist heute dein Thema?

» Welche Regel habe ich überschritten?
» Warum verletzt/ärgert dich das so sehr?
» Was kann ich ändern?
» Wo übertreibst du?
» Welche Lösung gibt es?
» Hey, danke. Aber nun erlaube ich dir, meine Gedanken zu verlassen.

Ein nagendes Gewissen zu einem bestimmten Thema – warum etwa ist das frische Kochen so wichtig? – macht dich aufmerksam auf einen Missstand. Seine laute Stimme kommt wie ein strenger Richter daher. Da ist ein Regelverstoß. Das ist böse. Das wird Konsequenzen haben! Wer diesem unbarmherzigen Richter immer gefallen möchte und ihn stets milde stimmen will, wird nur noch erschöpft sein. Denn irgendwann wird das Gewissensgericht tagen und ein Urteil fällen. Aus Angst davor erstarren viele und bleiben gefühlt allein mit dem belastenden schlechten Gewissen. Aber was, wenn der Richter gar nicht so böse ist? Das Gespräch mit dem Gewissen kann dir auch etwas zeigen: Es gibt Grenzüberschreitungen. Irgendetwas fühlt sich nicht gut an.

Schutz und Scham

Schuldgefühle wollen gar nicht unbedingt etwas Böses. Sie können auch ein etwas kratziger Schutzmantel sein, der vor der Wucht der Gefühle schützen möchte. Wer beispielsweise nach einer Trennung mit Selbstvorwürfen kämpft und einem Gefühl, den Kindern nicht gerecht zu werden, hat keine Zeit zu trauern. Die Stimme des Gewissens kann zu schrill sein, aber es möchte gehört werden. Schau hin. Wo stimmt etwas nicht? Warum fühlst du Scham oder Schuld? Was ganz genau sind die Kernbotschaften deines Gewissens? Lass uns gemeinsam auf den Elternalltag schauen und nach Lösungen suchen. Klar, die passen sicher nicht immer für alle und für jeden Gewissenstyp. Aber vielleicht ist ein Ansatz dabei, der dich im Alltag entlastet.

DAS GEWISSEN

schlecht	wohlwollend
wertet ab	wägt ab
Regeln sind starr	Regeln werden hinterfragt
beschämt	zeigt, dass etwas nicht stimmt
vergleicht mit anderen	misst am eigenen Maßstab
lähmt	motiviert
sieht Probleme	sieht Chancen
findet Gründe	findet Wege

Schuldgefühle
als Wegweiser

Das Gewissen, ach, das wohnt in meiner Brust ... es gibt mir Hinweise und schon ist alles ganz wunderbar. So leicht ist es leider nicht. Aber unangenehme Emotionen – und eben auch Schuldgefühle – kannst du für dich nutzen. Um dann die passenden pragmatischen Lösungen zu finden. Wie das funktioniert – das zeigt ein Blick ins Innere.

Gelassenheit statt Schuldgefühle

Beziehung statt Erziehung? Wie können wir das umsetzen und wie machen wir das nur richtig? Es gibt so viele Informationen, so viele Ratschläge von schlauen Menschen und dann ist da noch dein Bauchgefühl. Was bitte macht eine gute Mutter, einen guten Vater aus? Welche Art von Eltern wollen wir sein? Möchten wir uns von unseren eigenen Eltern unterscheiden?

Lange Jahre prägten in Deutschland die Nationalsozialisten das Bild der Elternschaft: der abwesende – kämpfende – Vater, die sich aufopfernde, aber harte Mutter. Grundlage war Johanna Haarers Buch „Die deutsche Mutter und ihr erstes Kind“ von 1934. Es war – auch nach dem Zweiten Weltkrieg – in fast allen Bücherregalen zu finden und prägte das Bild von Eltern und Kindern über Generationen: Strenge, Disziplin und emotionale Distanz galten als elterliche Tugenden. Schlaflernprogramme und das Bild vom kindlichen Tyrannen sind Überbleibsel aus einer Zeit, die hoffentlich Geschichte ist.

Die antiautoritäre Erziehung setzte sich mit diesem Mutterbild nicht sehr auseinander, Autoritäten und Grenzen sollte es einfach nicht geben. Silke kennt die antiautoritäre Erziehung als Kinderladenkind nur zu gut. Aus ihrer Perspektive der heutigen Erwachsenen: Nein, gar keine Leitplanken zu erhalten, ist nicht leicht, denn es gibt in der Gesellschaft nun einmal Regeln, viele unausgesprochen. Wer die als Kind nicht lernt, muss vieles mühsam erarbeiten und muss oft erahnen, was die anderen denn bloß erwarten.

Wer in den 1980er-Jahren Kind war, hatte Eltern, die sich zwar Gedanken machten, aber oft auch wenig präsent waren. Manche waren sehr streng, andere dagegen wollten gar keine Grenzen setzen.

Eine ausgesprochene Gegenbewegung, vielleicht auch ein Gegenentwurf zu einer strengen, distanzierten Erziehung ist das Attachment Parenting, auch als bindungs- oder bedürfnisorientierte Erziehung bekannt.

Bindungsorientierte Erziehung – gebunden oder angebunden?

Wofür steht die bedürfnisorientierte Erziehung und worauf basiert sie? Die meisten verknüpfen mit diesem Begriff Kinder, die stets im Mittelpunkt stehen, große Nähe durch langes Stillen, Tragen und Schlafen im Familienbett. Der nicht unumstrittene US-amerikanische Kinderarzt Dr. William Sears prägte die Bezeichnung Attachment Parenting, da seiner Meinung nach die Betreuungsstile westlicher Industrienationen nicht auf die angeborenen Grundbedürfnisse der Kleinsten eingehen. Diese Erkenntnis ist bis heute einer der Grundpfeiler des Attachment Parenting – und sorgte dafür, dass Sears später mit seinem „Fussy Baby Book“ (deutscher Titel: „Das 24 Stunden Baby“) großen Erfolg hatte. Sears ist nicht unumstritten, auch weil andere Theorien von Sears eher fragwürdig sind und er für ein sehr konservatives Familienbild steht, aber: Er hat mit seinen Veröffentlichungen die Grundlage für einen neuen Ansatz, das Konzept der bindungs- und bedürfnisorientierten Erziehung, geschaffen.

Für ein bindungsorientiertes Familienleben, das die Bedürfnisse des Kindes stärker sieht, stehen in Deutschland Autorinnen wie Nora Imlau, Julia Dibbern, Nicole Schmidt und Susanne Mierau. Sie definieren diesen Erziehungsstil als „geborgen“, „liebevoll“, „bedürfnisorientiert“, „bindungsfreundlich“ oder „artgerecht“. Eltern verbinden mit einer bedürfnisorientierten Erziehung oft aber viel mehr, und zwar immer und stets auf die Bedürfnisse des Kindes einzugehen und sich selbst hintanzustellen. Oft werden Bedürfnisse und Wünsche verwechselt, sodass die Eltern extrem hohe Ansprüche an sich aufbauen.

„Ich kann nicht essen, das Baby weint dann.“ „Mein Kind möchte nicht, dass ich zu meiner Freundin gehe ...“ Solche und ähnliche Sätze und der Anspruch, stets in jeder Sekunde alles „richtig“ zu machen, sorgen für enormen Druck. So kann aus einer Idee, die Feinfühligkeit und eine enge Bindung von Eltern und Kind in den Mittelpunkt stellt, sehr schnell eine dogmatische Haltung werden, die Druck erzeugt. Der Verzicht auf eigene Bedürfnisse belastet. Dann wird aus dem Gebundensein ein Angebundensein an das Kind. Und ein Dogma.

Dabei muss das alles gar nicht sein und Erziehung sollte schon gar keine dogmatische Methode sein. Jede Familie sollte sich ein Maß an Nähe und Geborgenheit suchen, das sich für sie gut anfühlt. Wer sich geborgen und angenommen fühlt, wird selbstsicher die Welt erkunden. Wer Wurzeln bekommen hat, darf auch Flügel wachsen lassen und sich von den Eltern lösen. Bei allen wohlklingenden Versprechen einer solchen Erziehungsmethode gerät allerdings oft eine wichtige Tatsache in den Schatten: die potenzielle Belastung für die Eltern, insbesondere für die Mütter.

Wenn Eltern – oder genauer: Mütter – rund um die Uhr der emotionale und physische Anker der Familie sein sollen, bleibt die Frage: Wer wirft ihnen den Rettungsring zu, wenn sie selbst kein Land mehr sehen? Es kann kräftezehrend sein, wenn das eigene Dasein komplett von den vermeintlichen Bedürfnissen des Kindes dominiert wird.

Und die Väter? Die sollen einerseits ganz gleichberechtigt erziehen, die Care-Arbeit mitübernehmen und andererseits noch oft Alleinernährer der Familie sein – ein Bild, das so manche Debatten um Gleichberechtigung und geteilte Elternschaft auf den Kopf stellt. Ist es das, was wir als moderne Gesellschaft wollen?

Pragmatismus und Gelassenheit – die Alternative

Die Lösung kann in einer pragmatischeren Erziehungshaltung liegen. Einfach machen. Ein bisschen weniger Perfektionismus, ein Tick mehr Vertrauen in den natürlichen Lauf der Dinge. Damit meinen wir nicht, die Bedürfnisse der Kinder zu ignorieren – im Gegenteil. Aber es geht auch darum, sich selbst nicht zu vergessen und sich Pausen zu gönnen, ohne Schuldgefühle und ohne schlechtes Gewissen. Verlässlich sein, ja, aber auch Grenzen setzen können, um nicht selbst unterzugehen.

Gelassenheit ist kein Zeichen von Desinteresse oder Nachlässigkeit; es ist die Kunst, die Dinge anzunehmen, ohne sich in ihnen zu verlieren. Erziehung mit Gelassenheit bedeutet, auch mal tief durchzuatmen und sich zu erlauben, Fehler zu machen. Kinder brauchen nicht hundertprozentige Eltern, sondern echte Vorbilder, die ihnen zeigen, dass das Leben trotz Unvollkommenheit wunderschön sein kann.

Gelassenheit ist mehr als innere Ruhe

Psychologisch gesehen ist Gelassenheit ein Zustand innerer Ruhe und Ausgeglichenheit, in dem ein Mensch auch in stressigen oder herausfordernden Situationen nicht aus der Fassung gerät. Gelassenheit ist mit einer tiefen emotionalen Stabilität und einer Fähigkeit zur Stressbewältigung verbunden und kann als Teil des erweiterten Konzepts der Resilienz – also der psychischen Widerstandsfähigkeit – verstanden werden.

Hier ein paar Schlüsselkomponenten der Gelassenheit aus psychologischer Sicht:

- **Emotionale Selbstregulation:** Gelassenheit ist eng verbunden mit der Fähigkeit, Emotionen zu erkennen, zu verstehen und angemessen darauf zu reagieren. Menschen, die Gelassenheit praktizieren, lassen sich weniger von temporären Gefühlszuständen überwältigen.
- **Achtsamkeit:** Gelassenheit beinhaltet oft auch eine achtsame Haltung. Das heißt, man ist sich des gegenwärtigen Moments bewusst und bewertet diesen nicht übermäßig. Achtsame Menschen leben nicht in der Vergangenheit oder der Zukunft, sondern im Hier und Jetzt.
- **Akzeptanz:** Eine Schlüsselkomponente der Gelassenheit ist die Akzeptanz dessen, was nicht geändert werden kann. Es geht darum, Dinge, die außerhalb der eigenen Kontrolle liegen, anzunehmen, statt gegen sie anzukämpfen.

» **Positive Einstellung:** Gelassenheit beinhaltet oft eine grundsätzlich positive Lebensanschauung, die von Optimismus und Hoffnung geprägt ist, aber ohne unrealistische Erwartungen zu hegen.
» **Perspektivwechsel:** Menschen, die Gelassenheit zeigen, sind oft in der Lage, Dinge aus verschiedenen Blickwinkeln zu betrachten, und dadurch relativieren sie Probleme und erkennen, dass die meisten Herausforderungen vorübergehen.
» **Problemorientiertes Handeln:** Anstatt von Problemen überwältigt zu werden, handeln gelassene Personen lösungsorientiert und proaktiv.
» **Soziale Unterstützung:** Ein gelassener Mensch weiß, wann er um Hilfe bitten muss, und ist in der Lage, auf sein soziales Netzwerk zurückzugreifen.
» **Kreativität:** Sie ermöglicht, Herausforderungen aus verschiedenen Perspektiven zu betrachten und innovative Lösungen zu finden, was zu einem geringeren Stresslevel beiträgt. Sie ermöglicht es uns, Ausdrucksformen zu finden, die unsere inneren Spannungen und Konflikte verarbeiten und abbauen, was wiederum zu einem erhöhten Gefühl der inneren Ruhe führt. Zudem hilft Kreativität dabei, sich von starren Denkmustern zu lösen und flexibel auf Veränderungen zu reagieren, was die Anpassungsfähigkeit stärkt und somit zu einer gelasseneren Haltung im Leben beiträgt.

Gelassenheit ist also nicht nur das Fehlen von Stress oder Aufregung, sondern eine aktive und dynamische Fähigkeit, mit den Unwägbarkeiten des Lebens umzugehen. Sie wird oft als Zeichen von Reife und einem gut entwickelten Gefühl für das Selbst und für interpersonelle Beziehungen angesehen. Gelassenheit zu entwickeln, kann ein lebenslanger Prozess sein und oft bedarf es bewusster Praxis und manchmal auch professioneller Unterstützung, um diesen Zustand zu erreichen und zu erhalten. Oder eben des richtigen Buches und der richtigen Menschen um einen herum.

Kein sanftes Ruhekissen mit Gewissen

So unterschiedlich die verschiedenen Typen des schlechten Gewissens sind und wie auch immer deins aussieht oder heißt, eins haben sie alle gemeinsam: Sie sorgen immer für Zweifel. Und wie soll ein zweifelhafter Wegweiser Hinweise geben?

Nehmen wir das Bild mit dem Kompass. Ohne Erklärung nutzt er einfach nichts. Wenn du nicht weißt, wofür N oder S steht, dann kannst du nicht einordnen, was es bedeutet, wenn der Pfeil in die entsprechende Richtung zeigt. Die Himmelsrichtungen nutzen bei einem Kompass nur, wenn das Ziel bekannt ist. Also ist ein Kompass nur dann ein hilfreiches Werkzeug, wenn bekannt ist, wie er zu benutzen ist und welche Richtungen er weisen kann. Darum gucken wir jetzt noch einmal, wie du den am besten für dich nutzen kannst. Und dann wird es konkret: In welchen Situationen meldet sich das schlechte Gewissen besonders laut und wie erreichen wir das Ziel, die Gelassenheit? Wir möchten dich mit auf die Reise nehmen. Die ist nie leicht, dass wissen wir nur zu genau, denn wir sind ja selbst Mütter – die konkreten Lösungen hier im Buch haben wir für uns selbst finden müssen, manche haben uns unsere Kinder gezeigt, andere haben wir mit befreundeten Eltern, für unsere Patenkinder, Neffen, Nichten und andere Herzensmenschen miterarbeitet. Einfach ist es nie, ein Kind beim Aufwachsen zu begleiten, aber für viele Herausforderungen lassen sich Lösungen finden. Für dich und deine Situation und für euch als Familie einen Weg zu finden, dafür ist Arbeit nötig. Denn genau wie eine gute Freundschaft oder eine Beziehung muss auch das gemeinsame Leben in der Familie immer wieder „gepflegt" werden. „Beziehungsarbeit" – das liest sich anstrengend und nach noch mehr Verantwortung? Die sieben Gewissenstypen reagieren sehr unterschiedlich. Der Gewissenstyp „Kümmerin" springt sofort auf und möchte einen Kuchen backen. Das Grübel-Übel meldet: „Ja, Beziehungsarbeit ist eine Qual, aber so nötig, habe ich ja immer gesagt. Wenn etwas nicht gut läuft, dann bist du ganz allein verantwortlich!" Der zornige Typ wird sich vielleicht gleich verweigern. Die treue Reue überlegt, ob sie nicht eh schon alles falsch gemacht hat. Kontrolleur und Gewissenhafte sind sich einig: Diese Arbeit, die muss sehr, sehr gut werden. Aber egal was für ein Typ dein schlechtes Gewissen ist – du hast dich für das Lesen dieses Buches entschieden. Das bedeutet, dass du – bewusst oder unbewusst – etwas ändern möchtest. Und damit hast du mit deiner Arbeit schon angefangen! Längst ist ein erster Schritt gemacht und der ist gar nicht mit mehr Verantwortung, sondern mit einer neuen Perspektive verbunden. Denn irgendeinen Weg wirst du immer gehen, wenn du ihn bewusst auswählen kannst, ist nicht nur das Ziel besser zu erreichen, auch die Reise ist nicht so beschwerlich. Wie sieht dein schlechtes Gewissen aus? Du machst dich langsam auf eine Expedition zu dir selbst – wenn du vorsichtig und liebevoll forschst, passieren zwei Dinge: Das Ziel wird klarer und du kannst dein schlechtes Gewissen als Kompass nutzen.

ICH SOLL UND ICH MUSS ...

So. Ich muss mich jetzt mit meinem schlechten Gewissen beschäftigen. Ich soll das tun. Örgs. Wieso sich das gar nicht gut anfühlt? Worte sind mächtige Waffen und mit dieser Wortwahl torpedierst du dich selbst. Wenn deine innere Stimme dir Sätze mit den Worten „muss" und „sollte" einflüstert, frage dich mal: Wer sagt das? Dein Grübel-Übel oder deine Gewissenhafte? Wirklich du selbst? „Ich muss jetzt die Wäsche aufhängen." Versuche den Satz anders zu sagen: „Ich hänge jetzt die Wäsche auf." Wie anders klingt vieles, wenn die Modalverben weggelassen oder ausgetauscht werden. „Ich will die Wäsche aufhängen" – damit motivierst du dich.

Kompass des schlechten Gewissens: mit Gefühl

Es gibt Menschen, die behaupten: „Ich kann meinen Gefühlen nicht trauen." Bei genauerer Nachfrage kommen dann Erklärungen wie: „Ich fühle mich oft abgelehnt, obwohl das objektiv gar nicht der Fall ist – und deshalb verlasse ich mich lieber auf meinen Verstand statt auf meine Gefühle." Den eigenen Gefühlen zu misstrauen, sie nicht wahrnehmen zu wollen, das geht meist nicht gut. Denn sie gären, wenn sie verdrängt werden. Gefühle sind weder störend noch Luxus – sie erfüllen einen äußerst wichtigen Zweck: Sie sind wie körperliche Schmerzen ein angeborenes Warnsystem für unser Überleben. Beide informieren uns darüber, ob wir uns im „grünen Bereich" bewegen oder ob wir etwas tun müssen, um unser Wohlbefinden zu verbessern.

Wieso fällt es einigen Menschen so schwer, ihre Gefühle zu spüren? Wenn du Kinder in ihren Emotionen begleitest, wird es meist deutlich: Der Umgang muss gelernt werden und wer das nicht getan hat, hat gar keine Namen für angespannte Muskeln, ein grummeliges Bauchgefühl oder ein Ziehen im Kopf. All diese körperlichen Reaktionen sind Zeichen von mächtigen Gefühlen wie Wut oder Angst. Eltern heute lernen, dass es wichtig ist, die Gefühle von Kindern zu benennen und zu spiegeln. „Das Eis ist jetzt auf den Boden gefallen. Und darum bist du ganz traurig." In den ersten Jahren müssen wir Eltern unsere Kinder noch viel begleiten. Bei der Regulation der Gefühle unterstützen wir sie, schlagen vor, eine Pause einzulegen, sich selbst wahrzunehmen, körperliche Reaktionen zu erkennen, Gefühle zu benennen und zu lernen, mit ihnen umzugehen – anstatt von ihnen überwältigt zu werden. Umgang statt Überwältigung ist ein Zeichen für Reife und erfordert viel Zeit.

Viele Erwachsene haben das aber selbst nie wirklich gelernt, damit beschäftigen sich viele Studien. Die Insula, die im Gehirn für die Verarbeitung von inneren Reizen zuständig ist, wird daher intensiv erforscht. Es besteht kein Zweifel daran, dass es individuelle Unterschiede im Wahrnehmungsvermögen gibt und dass diese sich auf das Leben auswirken.

Wir alle nehmen die Welt unterschiedlich wahr: Woher kommt ein Geräusch? Wie benutzt man einen bestimmten Gegenstand? Was bedeutet das für mich und mein Handeln? Jeder von uns ist einzigartig. Daraus können Unstimmigkeiten entstehen: Was für die eine Person wild, laut oder unangenehm ist, entspricht für jemand anderen gerade dem Richtigen. Deshalb reagieren Menschen unterschiedlich und treffen verschiedene Entscheidungen. Als Erwachsene sollten wir wissen: „Ich bin ich, ich habe gerade ein bestimmtes Gefühl. Dieses Gefühl wurde durch ein bestimmtes Ereignis ausgelöst. Ich bin nicht das Gefühl, ich habe es – aber ich habe auch Möglichkeiten, wie ich damit umgehe."

Auch hier gibt es nun einige Variationen, die uns unser Hirn präsentiert. Zum Beispiel sogenannte Pseudo-Gefühle. Was das ist? Stell dir vor, du bist in einer Situation, die dich so richtig auf die Palme bringt. Du sagst vielleicht: „Ich fühle mich ignoriert!", oder: „Ich fühle mich unter Druck gesetzt!" Und jetzt kommt der Clou: Nach der Gewaltfreien Kommunikation von Marshall B. Rosenberg sind das keine echten Gefühle, sondern Pseudo-Gefühle. Pseudo, weil es keine echten Emotionen sind. Tatsächlich sind sie Beschreibungen dessen, wie wir glauben, dass andere Leute sich verhalten.

Echte Gefühle sind so etwas Trauer, Wut, Freude, Angst und so weiter. Die spürst du direkt und auch wirklich körperlich. Die kommen aus dir raus, ohne dass jemand dich erst auf diese Gefühle hinweist. Pseudo-Gefühle hingegen, die schleichen sich ein, wenn wir eigentlich sagen wollen, dass jemand anderes etwas tut oder nicht tut und wir das irgendwie doof finden. Wenn wir uns selbst eine Geschichte erzählen. Wenn du zum Beispiel sagst: „Ich fühle mich ignoriert", meinst du eigentlich, dass die andere Person dich nicht genug beachtet. Das ist was anderes, als zu sagen: „Ich fühle mich einsam" – das ist ein echtes Gefühl. Die Gewaltfreie Kommunikation will, dass wir diese Unterschiede klarer sehen, damit wir besser ausdrücken können, was in uns vorgeht, und nicht anderen die Schuld für unsere Gefühle in die Schuhe schieben.

Frage dich also das nächste Mal, wenn du auf 180 bist: „Was fühle ich wirklich?", statt: „Wen kann ich dafür verantwortlich machen?" So bist du schon ein Stück näher dran, dich wirklich auf deine eigenen Gefühle und nicht auf das, was andere – vielleicht auch vermeintlich – von dir fordern. Das Schwierige daran ist, alte Muster zu verlernen. Aber jeder Anfang ist schwer und mit der Zeit wird es dir leichter fallen.

Gefühle als wertvolle Begleiter

Der Ansatz, das schlechte Gewissen als Kompass zu betrachten, kann dabei helfen, den Weg durch den Dschungel der Emotionen zu navigieren. Es erlaubt uns, unsere Gefühle nicht als Feind, sondern als wertvolle Begleiter zu betrachten. Das schlechte Gewissen kann uns zeigen, dass wir gegen unsere eigenen Werte und Grundsätze verstoßen haben. Es erinnert uns daran, dass wir unsere Handlungen reflektieren sollten, um in Einklang mit uns selbst zu sein. Das schlechte Gewissen ist nicht immer rational oder gerechtfertigt. Es kann auch von äußeren Einflüssen und Erwartungen geprägt sein. Daher ist es entscheidend, unser Gewissen zu hinterfragen und herauszufinden, ob es uns in die richtige Richtung führt oder uns unnötig belastet.

Ein gesundes Gewissen ist wichtig, um eine positive Beziehung zu dir selbst und zu anderen aufzubauen. Es erlaubt, Verantwortung für das eigene Handeln zu übernehmen und sich für das, was wichtig ist, einzusetzen. Es ist jedoch auch wichtig, die eigenen Fehler zu akzeptieren und dir selbst zu vergeben, damit du dich weiterentwickeln und wachsen kannst. Mit der Zeit kannst du lernen, dein schlechtes Gewissen als Hinweisgeber zu betrachten, anstatt dich davon überwältigen zu lassen. Klingt anstrengend, gerade wer doch immer alles richtig machen möchte, wird erst einmal gaaanz kleine Schritte machen müssen.

Der perfekte Elternteil – der Anspruch an sich selbst

„Ganz oder gar nicht": Ein Filmtitel, der so sehr zu dem passt, was das Leben für Perfektionisten so schwer macht. Sie haben einen ganz hohen Anspruch an sich selbst. Bestmöglich? Nein, das reicht nicht, in ihrer Gedankenwelt gibt es falsch und richtig, schwarz und weiß. Hinter dem Perfektionismus steht die Erfahrung aus der Kindheit, dass Anerkennung und Liebe an Bedingungen geknüpft sind – zum Beispiel an Leistungen oder an das Erfüllen von Erwartungen. Das kann dazu führen, dass sie meinen, sie müssten perfekt sein, um geliebt zu werden oder um erfolgreich zu sein. Genau das erzeugt oft ein schlechtes Gewissen. Sehr oft eines, das kontrolliert, das Fehler nicht zulässt und das immer fürchtet, riesige Schuld auf sich zu laden. Das kann dazu führen, sich ständig selbst infrage zu stellen. Alles immer richtig machen zu wollen, kann zu enormem Druck führen.

Aber was, wenn dich dieser hohe Anspruch an dich selbst bisher sehr gut durch das Leben gebracht hat, im Job, in der Liebe und überhaupt? Stimmt das denn? Oder war der Weg mit dieser hohen Erwartungshaltung an dich selbst nicht sogar immer anstrengend? Gepaart mit der Angst, nicht zu genügen? Die ewige Jagd nach einhundert Prozent führt dazu, eigentlich nie dem eigenen Anspruch zu genügen, sich immer mies zu fühlen.

Dann lass doch einfach fünfe gerade sein. Gut genug reicht doch, oder? So einfach ist es nicht. Denn wer solche inneren Gesetze hat, kann die nicht einfach überschreiben. Im Gegenteil, gerade wenn nun noch die Verantwortung für so einen kleinen Menschen dazukommt, soll doch erst recht alles ganz richtig sein. Denn das Baby ist doch perfekt. Diese kleine Nase, die winzigen Fingernägel. Es soll deshalb auch die beste Mama haben …

Die eigenen Aufgaben bestmöglich lösen und auch die beste Mutter sein zu wollen, ist natürlich kein Fehler. Aber wenn du weißt, dass dein schlechtes Gewissen sehr auf deinen eigenen Ansprüchen fußt, dann ist das einer der ersten kleinen Schritte. Wer stellt denn wirklich diese Ansprüche? Du selbst? Dein Kind? Dein innerer Kritiker? DU möchtest, dass dein Kind das tollste selbstgenähte Faschingskostüm hat, hast aber „nur" eines gekauft, weil die Zeit zu knapp war. Ist dein Kind sauer? Sehr wahrscheinlich nicht. Oder erwartest du selbst von dir Perfektion? An deinen eigenen Ansprüchen kannst du arbeiten und sie auch ändern. Ein kleiner Schritt. Dann kommt der nächste Schritt.

Der kann zum Beispiel sein, dass du dir klarmachst, dass es nicht nur Schwarz und Weiß gibt. Nicht nur das wunderschön handgenähte Kostüm oder ein hässlicher Fummel aus dem Billigshop, sondern auch ein Prinzessinnenkleid, wie dein Töchterchen es sich wünscht, das du in einem Laden kaufst. Es gibt Zwischenlösungen, die Nuancen in Grau – damit tun sich Perfektionisten schwer. Sie setzen Verhalten mit Identität gleich: Zum Beispiel bedeutet für sie, eine Buchseite richtig zu lesen (Verhalten): „Ich bin klug" (Identität). Ein Wort falsch auszusprechen (Verhalten), heißt: „Ich bin dumm" (Identität). Beim Rückwärtseinparken perfekt in der Lücke zu stehen und am besten auch sonst stets alles richtig zu machen (Verhalten), bedeutet: „Ich bin so toll" (Identität).

Wollen wir Menschen mit dem Hang zum Perfektionismus helfen, müssen wir sie lehren, zwischen dem, was sie tun, und dem, was sie sind, zu unterscheiden. Damit erarbeiten sie sich die Freiheit, sich auch in der Grauzone wohlzufühlen: also auch mit sich zufrieden zu sein, wenn sie schräg in der Parkbox stehen oder der Kuchen ein wenig dunkel geworden ist. Das Ergebnis ist nicht perfekt, aber akzeptabel: Das Auto steht sicher und der Kuchen schmeckt.

TIPPS ZUM UMGANG MIT PERFEKTIONISMUS

Reflektiere: Erkenne und akzeptiere, dass Perfektion ein unerreichbares Ideal ist. Frage dich, was wirklich hinter deinem Perfektionismus steckt. Brauchst du ständig Anerkennung? Hast du Angst vor Kritik? Ein tiefes Verständnis der eigenen Motivationen kann helfen, realistischere Ziele zu setzen.

Priorisiere: Lerne zu unterscheiden, was wirklich wichtig ist und wo „gut genug" ausreicht. Nicht jede Aufgabe erfordert dieselbe Menge an Zeit und Aufmerksamkeit. Perfektion ist oft eine Frage des Kontexts.

Lerne: Natürlich darfst du Fehler mega doof finden. Ärgere dich darüber einmal kräftig, hau einige Male in ein Kissen, nimm die Fehler gedanklich auseinander, zerlege alles ordentlich – bis auf dein Selbstbewusstsein – und dann mach was Produktives draus.

Lehre: Was möchtest du als Elternteil vorleben? Wenn dein Kind sieht, dass du dich selbst ständig korrigierst, dir keine Fehler erlaubst und sehr streng mit dir selbst bist, dann wird es sich an dir ein Beispiel nehmen. Gelassenheit und den Mut zum „Gut genug" kannst du dir selbst – und damit auch deinem Kind – beibringen.

Das hehre Mutterbild: Vom Anspruch, eine Heilige zu sein

Mütter machen sich oft selbst das Leben schwer. Denn egal, ob Mütter ihren Familienalltag ganz allein organisieren müssen oder ob sie einen Partner haben, der sich aktiv beteiligt, die meisten gaben an, den eigenen Ansprüchen nicht zu genügen. Sie fühlten sich als „schlechte Mutter", wenn sie Aufgaben abgaben oder nicht (selbst) erledigen konnten, so eine Studie des Deutschen Jugendinstituts von 2019. „Die Folge dieser unseligen Verquickung von überhöhtem Mutterideal und gnadenlosem Selbstoptimierungswahn ist eine Rastlosigkeit, wie ich sie bei nahezu allen Müttern in meinem Umfeld beobachte", schreibt Nora Imlau in einem Artikel für die „ELTERN". Wir nicken, denn genau das haben wir auch beobachtet. Als wir beide junge Mütter in den 1990ern, Anfang der 2000er waren, dachten wir: „Ja, dieses Rollenverständnis wird sich ändern." Aber nix da. Aber das Bild der aufopferungsvollen Mutter, der Heiligen, die alles kann und alles gibt, das ist geblieben. Und ganz klar: Die Corona-Zeit hat das nicht gerade einfacher gemacht, denn irgendwer musste ja zu Hause bleiben und sich um die Kinder kümmern, als die Kitas und die Schulen geschlossen waren. Und das waren fast immer die Mütter. So viele Mütter, mit denen wir gesprochen haben, schildern immer wieder ihre Schuldgefühle, so wie Kristin, 45, zwei Kinder, 6 und 12:

„Es gab noch nie einen Zeitpunkt, wo ich mir gedacht habe: Ich mache das mit meinen Kindern echt RICHTIG, geschweige denn perfekt."

Mütter im 21. Jahrhundert sind berufstätig, selbst Töchter, Partnerinnen und wollen es auf allen Ebenen richtig zu machen. Sie schlafen im Familienbett, beantworten auf dem Spielplatz Firmen-E-Mails, hören bei der Einschlafbegleitung die angesagten Podcasts, kaufen nachhaltig und gesund ein, sparen Energie, spielen begeistert mit den Kleinen, Backen leckere Plätzchen, organisieren Verabredungen und Geschenke, dekorieren das Zuhause schön, machen sich selbst hübsch, waschen Wäsche, erklären den eigenen Eltern die neueste Technik, putzen Kinderzähne und schreiben in der Nacht die neueste PowerPoint-Präsentation für den Chef – aber sie fühlen sich nicht gut genug. Weil sie laut und ungeduldig waren. Es heute nur Fertigpizza gab. Das Kind zu lange vor dem Fernseher gesessen hat. Sie keine Lust zum Basteln hatten und keine Wichteltür im Dezember aufbauen. Wer ständig die Verantwortung übernimmt, kann am eigenen Anspruch scheitern. Und der ist oft so hoch, ist mit so vielen

Glaubenssätzen verbunden, dass vor lauter „Ich muss" nur noch mögliche Gefahren und Fehlerquellen gesehen werden. Dieser eigene Anspruch, es doch so leicht und schön wie die Damen in den Instagram-Bildern und den Hochglanzmagazinen zu haben, der ist reichlich anstrengend. Und ein Dilemma ist vorprogrammiert: Wer stundenlang kleine Stoffbärchen für die schönste Kinderzimmerdeko näht, hat keine Zeit mehr zum Kochen. Wer auf der Suche nach dem Extra-Glitzer jeden Ausflug zum Großereignis aufbläht, wird zwischen gepacktem Picknickkorb und detaillierter Planung nicht dazu kommen, mit dem Kind zu kuscheln. Es ist gar nicht möglich, immer und alles stets perfekt zu machen. Ich soll als Mutter Leuchtturm und Leitwölfin sein? Fühle mich aber eigentlich als leidende Hündin? Dann ist es dringend an der Zeit, die Stopp-Taste zu drücken.

Umgang mit Schuld: sich ent-schuldigen

Bei mehr Frauen als Männern findet man eine starke Neigung, sich für alles Mögliche zu entschuldigen. Ein „braves Mädchen" soll schließlich lieber Annika als Pippi sein. Lieber artig und zurückhaltend. Laute wilde oder willensstarke Mädchen und Frauen haben es noch immer nicht leicht. Wie ist es in deiner Herkunftsfamilie bei Konflikten gewesen? Wie wurden sie gelöst? „Geh auf dein Zimmer, ich will dich erst wieder sehen, wenn du dich entschuldigst!" Solche Sätze haben sich in die Kinderköpfe heutiger Erwachsener eingebrannt. Ich entschuldige mich. Egal, ob es mir wirklich leidtut, egal, ob ich mich wirklich verantwortlich fühle. „Entschuldigung" nuscheln und schon ist die anstrengende Situation gelöst, das Zimmer darf verlassen werden und alles ist wieder gut. Sich für Dinge zu entschuldigen, damit das Gegenüber besänftigt ist, ist vielen Frauen von klein auf beigebracht worden. Sich streiten, sich für eine Sache einsetzen? Schon kommt: „Das Kind ist aber frech!" Und die Frau, die nicht schnell klein beigibt, gilt als anstrengend. Wie gehst du selbst heute mit Konflikten um? Wie mit dem Thema „Entschuldi-

gen“? Wie ist es bei euch als Paar? Männer rechtfertigen sich oft weniger, geraten scheinbar weniger in Schuldfallen. Aber oft fällt es ihnen auch nur einfach schwerer, über heikle Themen zu sprechen. Schuldgefühle haben Väter genauso wie Mütter.
Ein erster hilfreicher Schritt ist, unsere eigenen inneren Gesetze zu erkennen. Sobald wir merken, dass wir uns schuldig fühlen, sollten wir uns fragen:

» Welches innere Gesetz habe ich übertreten?
» Ist dieses Gesetz noch gültig?
» Ist es sinnvoll und positiv?

Diese Überprüfung wird dir helfen, deine inneren Gesetze anzupassen und dein Kind zu unterstützen. Gehe offen und transparent mit deinen eigenen Gefühlen um. Wir sprechen so oft von den Bedürfnissen der Kinder. Was ist mit deinen eigenen? Nimmst du dir Zeit, auf deine Bedürfnisse und deine Befindlichkeiten zu achten?
Unsicherheit und Schuldgefühle können gemischte Botschaften an unser Kind senden und es verunsichern. Wenn wir klar in unserer Kommunikation sind und feste Grenzen setzen, helfen wir damit unseren Kindern, Sicherheit und Vertrauen aufzubauen.

Die Schuld ans Kind weitergeben

„Wenn du nicht damit aufhörst, machst du mich völlig fertig.“ „Nur wegen dir kommen wir wieder zu spät.“ „Von deinem Theater bekomm ich Kopfweh.“ „Du bist selbst schuld, dass es so weit kam.“ „Wie konnte dir das nur passieren?“ „Wenn du nicht brav bist, kann ich dich auch nicht lieb haben.“ Oder gar: „Du machst mich krank!“ Solche Sätze können dazu führen, dass sich das Kind auch im späteren Leben immer die Schuld geben wird und unterbewusst davon überzeugt sein wird, dass es für die Gefühle und das Glück eines anderen verantwortlich ist. Genau hier ist der Knackpunkt: Einige dieser Regeln können zu ganz falschen Schuldgefühlen führen und

Kindern das Gefühl geben, sie hätten etwas Schlechtes verursacht oder nicht verhindert.

Wenn wir also beim nächsten Mal unser Kind ermahnen und uns dabei irgendwie unwohl fühlen, ist es wichtig, dass wir einen Moment innehalten. Woher kommt dieses Gefühl? Ist es ein altes Gesetz, das wir in uns tragen und das uns sagt, wir hätten etwas Falsches getan? Sind es die alten Muster? Wenn ja, ist es möglicherweise an der Zeit, dieses Gesetz zu überdenken und zu überarbeiten. Schließlich sind wir jetzt diejenigen, die die inneren Gesetze unserer Kinder prägen, und es liegt in unserer Verantwortung, sicherzustellen, dass sie positive und gesunde Denkmuster aufbauen. Rede mit deinem Partner, deiner Partnerin über eure Ansichten zu Schuldgefühlen und schlechtem Gewissen, auch in kulturellen Zusammenhängen! Rede mit Menschen aus unterschiedlichen Kulturkreisen darüber und verschaff dir eine Perspektive, die über deinen kulturellen Tellerrand reicht. Wenn ihr Freigeister seid: Demontiert gemeinsam mit kindlicher Neugier auch religiöse Überzeugungen.

SCHLECHTES GEWISSEN BEI KINDERN VERMEIDEN

- Erkenne und überprüfe deine eigenen inneren Gesetze.
- Sei klar und transparent in deiner Kommunikation.
- Gib dem Kind das Gefühl, gehört und gesehen zu werden.
- Überdenke und passe alte Regeln an, die zu falschen Schuldgefühlen führen können.
- Behandele dich selbst mit Freundlichkeit und Geduld.
- Sei ein positives Vorbild für emotionale Intelligenz und gesunden Umgang mit Schuldgefühlen.

Lösungen für den Familienalltag finden

Fehler machen zu dürfen und als Chance zum Lernen zu sehen – das sollte nicht nur für Kinder gelten. Das schlechte Gewissen ist eng mit dem Thema Fehlerkultur verknüpft. „Ich muss alles ganz richtig machen“, sagt sich das kontrollierende schlechte Gewissen. Und nimmt Fehler sehr übel. Eine Frage, die sofort auftaucht: „Wer ist schuld?“ Doch wie wäre es, raus aus dieser Schuldfalle zu kommen?

Der erste Schritt ist, nicht nach dem „Wer?“, sondern nach dem „Was?“ zu fragen. „Was ist schuld?“ Ein ganz konkretes Beispiel: Es ist acht Uhr. Du wachst auf. Völlig verschlafen. Der Wecker hat nicht geklingelt und nun wird der ganz Tag sehr, sehr hektisch. Waaaah! Das Schuldgefühl blökt: „Du bist verantwortlich, du hast den Wecker nicht gestellt!“ Aber wie wäre es, stattdessen zu fragen: „Was ist schuld? Warum war ich so müde, dass ich länger geschlafen habe, warum ist auch der Rest der Familie noch im Bett?“ Der nächste Schritt ist zu überlegen: „Was genau ist nicht richtig gelaufen?“ So kannst du dich aus der Gedankenfalle befreien, denn: „Ich bin schuldig, ich habe versagt“ sorgt für Selbstzweifel. Ein „Hey, was kann ich besser machen?“ gibt dir Handlungsmöglichkeiten. Und genau das tut ein Kompass auch. Elternschaft ist oft wie Segeln. Manchmal sind die Wellen ruhig und die Fahrt ist ein faszinierendes Abenteuer. Manchmal aber wird es stürmisch und das Schiff gerät ins Schlingern. Wie kann es dir gelingen, dass du wieder die Kontrolle bekommst und sicher durch den Sturm navigieren kannst? Genau. Mit einem Kompass. Dein schlechtes Gewissen, deine Gefühle möchten dir den Weg weisen. Herrschen hohe Wellen, gibt es verschiedene Lösungsmöglichkeiten. Du kannst den Anker werfen, alle in ein Rettungsboot setzen oder auf den Wogen schnell segeln. Denn es gibt tatsächlich nie DIE eine Lösung. Nicht einmal in der Mathematik.

Béa: *„Ich bin in Rumänien aufgewachsen und damals herrschte ein Regime, in dem das freie Denken gar nicht gern gesehen wurde. Was du zu tun und zu lassen hattest, das schrieb die Partei vor. Mit dem Wissen von heute bewundere ich meinen Mathelehrer. Denn gerade in der Mathematik gilt ja: Es gibt nur eine Lösung für eine Rechenaufgabe und oft erklären Lehrer, dass es auch nur einen erlaubten Lösungsweg gibt. Aber mein Lehrer sah das ganz anders. Er forderte uns Schüler und Schülerinnen auf, immer mehrere Lösungswege zu finden. Wir sollten immer vier unterschiedliche Rechenwege finden. Er hat uns damals immer aufgefordert, ein Problem von vielen Seiten zu betrachten. (Matheaufgabe lautet übersetzt auf Rumänisch übrigens: ‚problemă'.) Der Lehrer ermutigte uns damit, nicht nur den einen, sondern unterschiedliche Wege zu finden. Und genau das denke ich bis heute: Wenn etwas nicht gut läuft, dann suche ich einen Weg, um zum Ziel zu kommen. Es gibt nicht nur Plan A, sondern auch B, C, und D."*

Wenn du weißt, dass es unterschiedliche Wege gibt, ist es möglich, den Kurs ohne schlechtes Gewissen zu korrigieren. Du merkst, dass das Einschlafen deines Kindes immer schwierig ist? Dann suche einen anderen Weg. Das Ziel ist klar: ruhigere Nächte. Du hast gar kein gutes Gefühl dabei, dass dein Kind weint, wenn du es allein im Raum lässt, und ein schlechtes Gewissen – dein Kompass signalisiert dir: Bitte Kurskorrektur, dieser Lösungsweg passt für uns nicht. So, und jetzt bist du dran: Was kannst du tun, um dir selbst das Geschenk zu machen, lösungsorientiert zu denken? Wie wird eure Familienreise entspannt und gelassen? Mit viel Fantasie und neuen Lösungswegen. Wir möchten euch in den nächsten Kapiteln als Anregung einige mitgeben!

ZAUBERIDEEN ZUM THEMA GELASSENHEIT

Die Let-Go-Liste: Erlaube dir, etwas nicht zu schaffen, also Let-Go-Liste statt nur To-do. „Heute mache ich etwas, was ich eigentlich sollte, einfach nicht!"

Die Gelassenheitsideen: Nehmt euch zusammen mit Freunden das Ziel „Gelassenheit" vor für einen gelasseneren Tag.

Die Verkehrsumleitung: Wenn die Situation zu hitzig wird, rufe: „Verkehrsumleitung!" Alle müssen dann sofort den Raum wechseln und eine andere Tätigkeit aufnehmen. Dieser Ortswechsel kann Wunder wirken und die Gemüter beruhigen.

Die Dankbarkeitsdetektive: Jeder in der Familie wird zum Detektiv, der nach Dingen sucht, für die er dankbar ist. Beim Abendessen präsentiert jeder seine „Funde". Das verschiebt den Fokus von Stress zu den positiven Aspekten des Tages.

Das Hauszauberwort: Bestimmt ein lustiges Wort, das als Erinnerung dient, einen Gang zurückzuschalten. Wann immer jemand das Wort sagt, muss jeder kurz innehalten, tief durchatmen und an etwas Schönes denken.

Der Kuscheltier-Kurierdienst: Hat ein Kind eine Botschaft für dich, aber du bist gerade im Stressmodus? Das Kuscheltier wird zum Kurier! Die Nachricht muss erst an das Kuscheltier übergeben werden, das sie dann „überbringt". Das gibt dir einen Moment zum Durchatmen und macht das Ganze spaßiger.

Die Nur-10-Minuten-Aktion: Wenn Aufräumen oder Hausarbeit mal wieder zum Drama wird, stelle einen

Timer auf 10 Minuten und mache daraus ein Spiel, wer am meisten in dieser Zeit wegräumt. Nach 10 Minuten ist wirklich Schluss!

Das Zauberwort „Pause“: Wenn alle auf 180 sind, rufe „Pause!“ und jeder muss auf der Stelle einfrieren. Dann macht jeder eine witzige Pose und ihr könnt nicht weitermachen, bis alle gelacht haben.

Die Pflanzen-Sprühflasche: Habt ihr eine Pflanzen-Sprühflasche? Super! Bei kleinen Streitereien könnt ihr eine „Abkühlungsphase“ einleiten, indem ihr euch gegenseitig mit einem feinen Wassernebel erfrischt – natürlich nur, wenn alle damit einverstanden sind!

Das Gedanken-Spiel: Betrachtet eure Gedanken wie Pflanzen in einem Garten. Unkraut (negative Gedanken) wird gejätet, schöne Blumen (positive Gedanken) bekommen Wasser und Sonne.

Humor hilft

Ein Witz voller Lebensweisheit aus Béas Kindheit, der in den jüdischen Freundeskreisen ihrer Eltern erzählt wurde: Kennt ihr den mit dem weisen Mann und der Ziege?

Kommt ein Mann zum Rabbi. Der Mann klagt: „Rabbi, mein Leben ist die reinste Hölle. Hab' fünf Kinder, das jüngste ist neugeboren und schreit immer. Meine Frau ist im Wochenbett und schlecht drauf. Wir haben nur zwei Räume im Haus für alle. Das Geld reicht nicht für gutes Essen, die Kinder machen nur Chaos, zu viel Dreck, Wäsche, die Katze haart ... so schlimm alles. Rabbi! Was soll ich tun?“

Der Rabbi denkt kurz nach und antwortet: „Haste 'ne Ziege draußen auf dem Hof?“

„Ja, Rabbi!“, sagt der Mann.

„Gut!", antwortet der Rabbi. „Geh nach Hause, nimm die Ziege und bring sie ins Haus. Lass sie da die ganze Woche und komm dann wieder zu mir. Hörst du? Nicht rauslassen, bis ich es sage."
Der Mann staunt Bauklötze: „Aber warum, Rabbi?"
„Hör auf mich, dann wirst du sehen", meint der Rabbi. „Komm einfach nächste Woche wieder her."
Der Mann seufzt, vertraut, geht nach Hause, nimmt die Ziege ins Haus. Eine Woche später kommt er wieder zum Rabbi: „Rabbi, Rabbi, warum haste mir das angetan? Es ist alles schlimmer denn je! Grusel! Die Ziege im Haus stinkt und meckert, die Frau meckert, die Kinder spielen mit der Ziege überall, die Katze ist mit der Ziege spinnefeind und faucht die ganze Zeit, ich kann gar nicht mehr unterscheiden, wer alles schreit oder meckert oder miaut. Die Ziege frisst uns alles vom Tisch weg. Wir haben nix mehr zu essen! Rabbi, was soll ich tun?"
Der Rabbi schaut grinsend den Mann an: „Geh nach Hause und bring die Ziege wieder raus auf den Hof. Komm 'ne Woche später wieder und sag mir, wie es dir geht."
Der Mann nickt, geht nach Hause und tut wie befohlen. Eine Woche später kommt er zum Rabbi:
„Ach weiser, guter Rabbi! Mein Leben ist soooo schön. Es ist so gut, mit meiner Familie zu sein ohne Ziege! Wir haben so viel Platz. Und Essen. Und die Wohnung riecht so gut …"
Diese Geschichte hilft dabei, Dinge in Relation zu setzen. Was empfinde ich als gut, was als schlecht?

Raus aus den *Schuldgefühlen im Familienalltag*

Warum einfach, wenn es auch kompliziert geht? Das scheint sich ein schlechtes Gewissen gern auf die Fahne und uns damit in unsere Gedanken zu schreiben. Es gibt so viele Situationen, in denen Mütter und Väter sich so ganz und gar nicht gut fühlen. Genau darum soll es jetzt gehen, denn wie kann es ganz konkret gelingen, vom drückenden Schuldgefühl zur gemeinsamen Gelassenheit zu finden?

Finde deinen Weg mit deinen Lösungen

So. Und nun „Butter bei die Fische", wie die Norddeutschen sagen. Ein schlechtes Gewissen als Kompass ist nützlich – aber was tun, wenn du schon in einer Falle steckst, in einer Elternsituation, aus der du keinen Ausweg findest? Ganz klar, nun gilt es, den Kurs zu korrigieren. Welcher Weg führt aus der Falle heraus? In der Welt der klugen Ratgeber – egal ob Bücher oder erfahrene Schwiegermütter, Onkel oder besserwissende Nachbarn – ist immer alles klar. Du hast ein Problem: Da ist die Lösung, hier ist DER eine Weg.

Aber wir haben gerade im letzten Kapitel festgestellt, dass es selbst in der Mathematik nicht DEN einen Weg gibt. Es gibt tatsächlich selten nur DIE eine Lösung. Nicht einen Weg, der für alle Kinder und für alle Eltern passt. Klar, es wäre wunderbar, wenn es eine einfache Anleitung für Eltern gäbe. Und es ist eine Binsenweisheit, wenn wir jetzt schreiben: Jede Familie, jedes Kind ist anders. Aber so ist es! Klein-Karlchen lässt sich vielleicht mit einem lustigen Lied zum Zähneputzen motivieren, aber das muss erstens nicht heißen, dass es bei Schulkind Karl immer noch funktioniert, und erst recht nicht, dass seine Schwester Lisa das genauso toll findet.

In diesem Buch findest du keine unumstößlichen Gebrauchsanweisungen und Ratschläge, sondern einen großen Strauß mit unterschiedlichen kreativen Tipps und Lösungen. Gemeinsam schauen wir auf Alltagssituationen, die uns aus der Community der Eltern, von Leserinnen, Lesern und Menschen, die wir über unsere Netzwerke kennen, immer wieder geschildert werden und die bei ihnen viel zu oft ein schlechtes Gewissen auslösen. Für jeden Typ des schlechten Gewissens kann sich aus der Situation ein anderes Problem ergeben und für jeden wird es verschiedene Lösungswege geben.

Wir blicken auf den Themenkomplex und schauen dann, welche verschiedenen Wege passen könnten. Um im Bild zu bleiben: Es gibt große, breite, kleine, unscheinbare, verwinkelte und kurvige Pfade und Wege. Jeder steht für eine andere Lösung: Du kannst wählen, was für dich, für dein Kind, für euch als Familie passt. Wir möchten dir damit zeigen, dass das Gegenteil einer Gebrauchsanleitung kreativer Raum ist. Es gilt, die Wege zu finden, die für dich und deine Familie, nur für euch passen.

Ein schlechtes Gewissen hast du ja schon, gerade deswegen hier noch mal ganz deutlich: Es gibt viele Möglichkeiten, unter denen du wählen und die du einfach ausprobieren kannst. Es kann sein, dass keine für dich passt. Der Grundgedanke ist einfach: Es geht darum, deine Optionen zu erweitern. Erst wenn du erkennst und spürst, dass du eine Wahl hast, bist du frei.

Es gibt sehr viele Schuldfallen, in die – vor allem Mütter – sehr schnell geraten. Aus einem „Ich trage Verantwortung" wird in einer Nanosekunde ein „Ich bin verantwortlich, also Schuld daran, wenn nicht alles perfekt läuft". Wir haben die Schuldfallen, von denen wir am meisten hören, herausgesucht und zeigen einige Wege, die herausführen können. Wenn nichts Passendes für dich dabei ist, findest du sicher auch noch andere.

Auch das noch: Meta-Schuldgefühle

Aber was ist, wenn dich das nur dazu bringt, noch mehr schlechtes Gewissen zu haben, und zwar WEIL du ein schlechtes Gewissen hast? Wenn du ein Schuldgefühl wegen des Schuldgefühls hast. Was hilft? Es ist eine zusätzliche Ebene der Selbstkritik, bei der man sich nicht nur für die ursprüngliche Handlung schlecht fühlt, sondern auch dafür, dass man sich überhaupt schlecht fühlt. Dies kann besonders lähmend sein, weil es dich in einen Zustand der Inaktivität versetzen kann, in dem du dich hilflos fühlst, irgendetwas zu ändern!

Um aus diesem Zyklus auszubrechen, kann es nützlich sein, sich auf das Handeln zu konzentrieren. Anstatt sich in Schuldgefühlen zu suhlen, kann man versuchen, konkrete Schritte zu unternehmen, um die Situation zu verbessern oder Wiedergutmachung zu leisten. Das kann bedeuten, sich zu entschuldigen, wenn man jemandem Unrecht getan hat, oder zu versuchen, aus den Fehlern zu lernen und es das nächste Mal besser zu machen.

Außerdem kann es nützlich sein, mit jemandem über diese Gefühle zu sprechen, sei es ein Freund, ein Familienmitglied oder ein Therapeut. Manchmal kann das Aussprechen der eigenen Gefühle und das Feedback von anderen dich unterstützen, die Dinge in Relation zu setzen und zu erkennen, dass jeder Fehler macht und dass es in Ordnung ist, sich zu vergeben und weiterzumachen.

Mögliche Lösungswege

Schuld-Transfer: Schreib einen Brief, in dem du all deine Schuldgefühle ausdrückst. Stell dir vor, wie diese Gefühle auf das Papier übergehen. Verbrenn dann den Brief sicher, um symbolisch die Schuld zu reinigen.

Gute Taten als Gegenrechnung: Für jedes schlechte Gewissen, das du hast, tu eine gute Tat. So wird ein negatives Gefühl direkt in eine positive Aktion umgewandelt.

Schuldgefühl-Comics: Zeichne einen Comicstrip über deine Situation, in dem deine Schuldgefühle als Hauptperson auftreten. Dies hilft, die Schwere zu verringern und Distanz zu deinen Gefühlen zu schaffen.

Ein Glas voll Schuld: Jedes Mal, wenn du ein schlechtes Gewissen hast, schreib es auf und leg es in ein Glas. Wenn das Glas voll ist, überprüf die Zettel, um zu sehen, ob deine Sorgen wirklich so groß waren, wie du dachtest. Rückblickend vermutlich nicht. Erinnere dich daran, wenn du das nächste Schuldgefühle hast.

Schuldgefühlssport: Jedes Mal, wenn du dich schlecht fühlst, werde körperlich aktiv, mach beispielsweise Liegestütze oder geh joggen. Die Idee ist, die negative Energie in etwas Konstruktives umzuwandeln.

Schuldgefühlskaraoke: Sing ein Lied, das deine Gefühle reflektiert, oder noch besser, dichte es um und mach aus deiner Situation eine humorvolle oder dramatische Ballade.

Schuldgefühlsdetektiv: Untersuch deine Gefühle wie ein Detektiv. Was sind die Beweise dafür, dass du tatsächlich etwas falsch gemacht hast? Oft halten Schuldgefühle einer realistischen Überprüfung nicht stand.

Die ersten Schritte ins Elternsein

Die ersten Schritte in das Leben als Mutter und auch Vater machen wir schon in der Schwangerschaft. Jede Menge Ratschläge, kritische Blicke und reichlich oft schon die ersten Momente, in denen das Gefühl aufkommt: Mache ich auch alles richtig? Wenn ich jetzt schon in der Schwangerschaft heimlich eine Scheibe Salami gegessen habe und während der Stillzeit am Rotwein nippe, gefährde ich dann nicht auch später die Gesundheit meines Kindes? Und dann ist da noch die Frage, was für eine Mutter, was für ein Vater ich sein möchte. Die beste für mein Kind! Die beste Version meiner selbst! Mindestens. Mit so einem hohen Anspruch wird es schwierig. Es gibt so unendlich viele Bilder der Mutter, die sich stets aufopfert, des Vaters, der immer zuerst an andere denkt, in unseren Köpfen. Doch genau diese Bilder belasten. Mütter und natürlich auch viele Väter sind fremdbestimmt. Da ist dieser so unendlich niedliche, aber sehr fordernde kleine Mensch. Da ist der Partner, der Arbeitgeber, die vielen Stimmen, die sagen: So nicht! Gerade im Babyjahr ist bei vielen Eltern – und vor allem bei vielen Müttern – das schlechte Gewissen ein sehr anstrengender Dauerbegleiter.

Schuldfalle: Ich muss meinem Baby immer etwas bieten.
„In den ersten Wochen war eigentlich alles wunderbar. Wir drei haben es uns im Bett gemütlich gemacht. Gekuschelt, gestillt und die ganze Welt draußen gelassen. Aber als das Wochenbett vorbei war, hatten wir plötzlich so viel Programm. Krabbelgruppe, Besuch der Schwiegermutter. Und klar, ich wollte viel draußen sein, frische Luft ist ja gesund, habe Kurse besucht und später habe ich den Brei immer selbst gekocht. Schließlich will ich meiner Tochter auch immer etwas bieten. Aber da sind diese bleierne Müdigkeit und das Gefühl, komplett anderen Menschen und ihren Bedürfnissen zu gehören." Maike, 32, Mutter einer Tochter, 7 Monate
Fokus: Action pur und zwar so viel, dass das eigene Bedürfnis nach Ruhe gar nicht mehr gesehen wird. Was genau passiert, wenn du nicht „immer etwas bietest"? Und wer verlangt das überhaupt? Die Tochter mit ihren sieben Monaten sicher nicht. Was sind deine Alternativen zu den vielen Angeboten?

Mögliche Lösungswege

Lass das Feuerwerk: Plane lieber weniger, aber gezieltere Aktivitäten. Nicht das Baby möchte so viel erleben und es besteht auch nicht auf die frisch gekochten Mahlzeiten. Es ist sehr wahrscheinlich der eigene Anspruch, der dich all das planen lässt – und der Gedanke an die Bewertung durch andere.
Langeweile ist für Kinder klasse: Das gilt auch schon für die ganz Kleinen: Hey, ich kann mich allein beschäftigen, kann zur Ruhe kommen – ohne Programm oder Animation von außen. Gezielte kleine Ruheinseln im Alltag sind eine Form der gepflegten Langeweile, die Babys guttun (was sich auch in einem besseren Schlaf äußern wird). Lass dein Baby also auch mal auf einer kuscheligen Decke neben dir liegen, während du kochst oder Yoga machst oder in einem Buch liest. Du musst dich nicht immer gezielt mit deinem Baby beschäftigen – wichtig ist, dass es merkt: Mama ist hier bei mir. Tage ohne Programm fest einplanen und in einen Beobachtungsmo-

dus gehen. Forschungsobjekt: dein Baby. Was mag es und was nicht und zu welcher Tageszeit?
Was macht dir selbst Spaß? Mit dem Baby singen und tanzen, dich im Park auf eine Decke legen und in den Himmel gucken? Im Café sitzen? Such dir wenigstens einmal in der Woche eine Mama-Kind-Aktion aus, die auch dir richtig Spaß macht.
Zeit für dich – allein und mit anderen Erwachsenen. Du kannst und darfst das für dich organisieren, denn dein Baby freut sich über eine entspannte Mutter. Wem kannst du dein Baby auch einmal nur für eine halbe Stunde anvertrauen, zum Beispiel für einen Spaziergang draußen? Dem anderen Elternteil? Den Nachbarn? Einer Freundin? Oma? Opa?
Gemeinsam: Beziehe deinen Partner ein! Eigentlich sollte das selbstverständlich sein, aber wenn dein Partner oder deine Partnerin nicht von allein draufkommt: Allerspätestens jetzt, wenn euer Baby auf der Welt ist, ist die Zeit, über die Aufgabenteilung zu reden. Kein Elternteil sollte allein immer für alles rund um euer Baby zuständig sein – wechselt euch ab und vertraue darauf, dass der oder die andere vielleicht das Baby anders betüddelt, aber das genauso gut macht.

Schuldfalle: Mein Kind weint und ich kann es nicht beruhigen.

Kaum etwas stresst so sehr wie ein laut schreiendes Baby. Kein Wunder, es ist ja auch extrem laut: bis zu 120 Dezibel! So laut ist auch ein Presslufthammer. Wäre das Kinderzimmer ein Arbeitsplatz, müssten Eltern also Gehörschutz tragen! Aber es ist nicht nur die Lautstärke, die belastet und bei vielen Eltern schon beim ersten Wimmern das Gefühl hochkommen lässt: „Mein Kind ist unglücklich, ich muss sofort handeln, sonst bin ich ein schlechter Elternteil ...“ Warum weinst du nur, kleiner Mensch? Bist du unglücklich, hungrig oder ist die Windel voll? Tut dir etwas weh? Das Kleine kann nicht antworten, also gilt es, alles abzuklopfen. Und manchmal ohne Erfolg. Ein schreiendes,

scheinbar unglückliches Kind sorgt dafür, dass die Eltern nervös und unruhig werden. Das Baby spürt die Gefühle der Großen und reagiert mit noch mehr Unruhe. Das kann ein übler Teufelskreis werden und klar, dann melden sich Schuldgefühle erst recht sehr, sehr laut.
Fokus: Wir wissen alle, dass Säuglinge nicht nur weinen, wenn sie in Gefahr sind. Trotzdem reagiert unser Körper drauf wie auf eine Gefahrensituation. Ich muss es sofort abstellen, das Geräusch!

Mögliche Lösungswege

Kein Baby sollte weinen müssen: Aber es sollte weinen dürfen! Ein Baby kann sich nun einmal noch nicht anders ausdrücken. Je älter der Mini wird, desto besser könnt ihr Eltern auch Unterschiede hören. Dann hört ihr eher sich selbst unterhaltendes Wimmern, Müdigkeitsweinen, Kummerweinen, schrilles Gefahrenschreien und noch viel mehr ... Manchmal hilft es schon, sich klarzumachen, dass Weinen bei deinem Baby der Kommunikation dient.
Weinen muss nicht immer sofort „ausgeschaltet“ werden und du solltest das Kleine auch nicht immer gleich ablenken oder stillen. Wenn dir etwas wehtut, hilft es dir, wenn jemand dir ein Brot gibt? Oder deine Lieblingsserie im TV anschaltet? Sei zugewandt, nimm dein Baby in den Arm und versuche herauszufinden, was es dir mitteilen möchte, bevor du panisch in Aktion trittst. Vielleicht will es nur ein „Ja, mein Schatz, ich bin hier!“ hören.
Setze auf deine Sensibilität: Wichtig ist sensibles Hinhören und Einfühlen. Wir Großen kennen es doch auch, dass wir kurz vor dem Einschlafen manchmal noch das Bedürfnis haben, den Tag zu verarbeiten. Vielleicht braucht dein Baby nur etwas Trost und Nähe oder eine ruhige Stimme, die sagt: „Du bist sicher, mein Schatz, und ich liebe dich!” Es versteht die Worte noch nicht, aber die Vibes kommen ganz sicher an.
Schütze dich: Manchmal – und das ist ganz ehrlich gemeint – hilft tatsächlich nur Hörschutz, wenn du vergeblich versuchst, dein Baby

zu beruhigen, es satt und trocken ist, nicht müde und offensichtlich auch nicht krank. Wenn es ohne ersichtlichen Grund einfach lange und ausdauernd weint. Ohrstöpsel dämpfen und machen es etwas leichter, ein Kind zu begleiten. So kannst du immer noch Nähe geben – ohne klingelnde Ohren.

Such dir Hilfe: Wenn du gar nicht mehr kannst und verzweifelt bist, weil das Baby so fordert, dann brauchst du vielleicht eine Auszeit oder jemanden, der dir hilft, den Kreislauf zu durchbrechen. Oft können Kinderärzte und Kinderärztinnen einen guten Tipp für eine Beratungsstelle geben.

VON KOLIKEN UND REGULIERUNGSSTÖRUNGEN

Manche Kinder sind sehr sensibel. Es gibt sogenannte High-Need-Babys, die sehr schnell überreizt sind, sehr viel weinen. Der Begriff „Schreibaby" klingt sehr abwertend, aber Experten bezeichnen damit Säuglinge, die mehr als drei Stunden an mehr als drei Tagen pro Woche und über mehr als drei Wochen extrem viel schreien. Früher hieß es oft, dass sehr unruhige Kinder Bauchweh hätten, das seien Koliken und Blähungen. Heute weiß man, dass es in der Regel nicht die Verdauung ist, die Schwierigkeiten bereitet. Tatsächlich tun sich einige Neugeborene mit Reizen wie grellem Licht oder Lärm sehr schwer und können Eindrücke nicht gut verarbeiten. Sie können diese nicht regulieren, daher der Begriff Regulierungsstörung. Baby und Eltern haben dann einen hohen Leidensdruck. Hier sollte Hilfe gesucht werden. An vielen Orten gibt es spezialisierte Schreiambulanzen, die helfen können.

Schuldfalle: Ich sollte glücklich sein, aber ich bin so fertig.

Grundbedürfnisse sind Nahrung, Wasser, Sicherheit, menschliche Nähe und Schlaf. Kein Wunder, dass Eltern reichlich erschöpft sind. Denn oft vergessen sie selbst, genug zu trinken, etwas zu essen – und dann noch die Sache mit dem Schlaf. Forscher der Universität Warwick in Großbritannien haben herausgefunden, dass es nach der Geburt des ersten Kindes bis zu sechs Jahre dauert, bis Mutter und Vater wieder so schlafen können wie vor der Geburt ihres Kindes. Mütter haben leider noch mehr Nachteile: Sie schlafen in der Nacht meist nicht durch. Dafür sorgen die Hormone und sobald das mütterliche Hirn die Information erhält: „Baby macht laute oder auch leise Geräusche", signalisiert es: „Aufwachen, Baby beruhigen, nachsehen, ob alles in Ordnung ist." Wer zu wenig oder immer schlecht schläft, vielleicht auch noch zu wenig isst, ist körperlich irgendwann erschöpft.

„Als mein Sohn vier Monate alt war, hatte ich das Gefühl, nur noch durch Nebel zu laufen. Ich war nur noch müde. So eine schwere, bleierne Müdigkeit. Aber am Abend konnte ich oft nicht einschlafen. Ich wollte ja auch mal kurz Zeit mit dem Liebsten verbringen, auch mal meine Serie gucken und einfach die Schlafenszeit des Babys ausnutzen. Er schlief tagsüber immer nur in vielen kurzen Nickerchen. Und war ansonsten oft unruhig, weinte viel. Die Geburt war schwierig, das Stillen klappte gar nicht und unser Start war echt anstrengend. Alles tat nach dem Kaiserschnitt weh und ich hatte das Gefühl, ich werde dem Kleinen gar nicht gerecht. Dabei war er ein absolutes Wunschkind

und ich wusste, ich sollte unendlich glücklich sein. War ich aber nicht, weil mein schlechtes Gewissen mit der Erschöpfung wuchs. Als mein Mann dann im siebten Monat auch Elternzeit nahm, wurde es besser. Ich hätte viel früher um Hilfe bitten sollen. Aber ich dachte, das gehört wohl zum Muttersein dazu." Miriam, 37, ein Sohn, jetzt 2

Fokus: Es ist wichtig, achtsam mit dir selbst umzugehen und auf mögliche Warnsignale für Erschöpfung zu achten. Bitte, nimm sie ernst! Dein Körper und deine Seele schicken dir diese Signale aus gutem Grund. Und eigentlich weißt du auch, dass du deswegen kein schlechtes Gewissen haben solltest.

Mögliche Lösungswege

Erwartungshaltung hinterfragen: Versuche, deine Erwartungen zu reduzieren. Du musst nicht alles in Personalunion sein und schaffen. Niemand ist perfekt und das ist auch gut so. Wer erwartet denn, dass du zu all dem Stress jetzt auch noch unendlich glücklich bist?

Schlaf organisieren: Suche alle Möglichkeiten, die sich dir bieten, um Schlaf zu finden. Sei es tagsüber, wenn dein Baby schläft, oder abends, nachdem dein Partner von der Arbeit zurückgekommen ist. Kann notfalls eine Freundin als Babysitterin einspringen?

Kurz und gut: Bei großem Schlafdefizit kann ein kurzes Nickerchen helfen, am besten nicht länger als 10 bis 20 Minuten und nicht nach 15 Uhr am Nachmittag. Ein zu kurzes oder zu spätes Schläfchen am Tag kann dazu führen, dass man sich schlapp fühlt und in der Nacht nicht zur Ruhe kommt. 10 bis 20 Minuten können jedoch erfrischend wirken und die Stimmung stabilisieren.

Körperliche Nähe und Berührung: Ein Kuss oder eine Umarmung können Wunder wirken, gerade wenn man müde ist und sich ausgelaugt fühlt. Manchmal aber kann auch gerade das einfach zu viel sein, weil so ein kleiner Mensch schon so viel Körperkontakt gefordert hat. Achte auf dich und deine eigenen Bedürfnisse und nicht nur die deiner Liebsten!

Energie auffüllen: Lachen, Luft, gutes Essen, laute Musik? Was tut dir gut? Was füllt deine Akkus auf?
Schlafumgebung: Achte auf eine angenehme Schlafatmosphäre. Das Familienbett ist nicht für jeden ein Segen.
Auszeiten: So viel Nähe. Wer den ganzen Tag für einen winzigen Menschen sorgt, hat irgendwann Abstand nötig. Frei nach dem Motto „Mein Körper gehört mir". Allein in der Badewanne, keine Lust auf weitere Kuscheleinheiten. Das ist völlig normal und ohne Schuldgefühle erlaubt.

So hatte ich mir Familie nicht vorgestellt

„Wir sind hier nicht bei ‚Wünsch dir was', sondern bei ‚So isses'." Das war gar nicht so böse gemeint, als Silkes liebste Freundin aus dem Ruhrpott, damals alleinerziehend, ihre Lebenssituation beschrieb. Eine Familie? Das sind heute eben nicht nur Vater, Mutter, Kind, sondern oft auch Mutter, Kind. Vater, Kind. Viele Kinder wachsen bei nur einem Elternteil auf, andere haben Eltern, die zwar nicht mehr zusammenleben, aber noch gemeinsam erziehen. „Ich bin eigentlich nicht alleinerziehend, sondern getrennt erziehend", sagte Tanja. Ganz sicher planen die wenigsten, dass die Partnerschaft nicht hält. Oder der andere Elternteil sich nicht kümmern kann (oder will). Das belastet und neben dem eigenen Verarbeiten der Trennung kommt noch so viel mehr dazu: Immer allein Verantwortung zu tragen, eine oft nicht leichte finanzielle Lage und natürlich auch, sich nun mit einer neuen Lebenssituation arrangieren zu müssen, die so nie gewollt oder geplant war. Wie kommen wir damit klar, wenn wir allein mit dem Kind leben, räumlich begrenzt wohnen, wenig Einkommen haben oder mit äußeren Faktoren zu kämpfen haben, die belasten? Das „So isses" löst bei vielen ein schlechtes Gewissen aus. Ich möchte doch meinem Kind eine heile Familie, ein tolles Zuhause und optimale Bedingungen schaffen. Und nun ist alles ganz anders.

Schuldfalle: Alleinerziehend – kann ich die Mehrfachbelastung bewältigen?

Eine Scheidung oder Trennung? Früher war damit sogar auch gesellschaftliche Ausgrenzung verbunden. Das hat sich immerhin geändert. Wenn du mit dir haderst, weil du deinem Kind keine „Bilderbuchfamilie“ bieten kannst, dann mache dir klar: Was wäre die Alternative? Ein Aufwachsen mit zwei unglücklichen Erwachsenen, die sich entweder viel zu oft streiten oder sich einfach gar nichts mehr zu sagen haben? Wer „wegen der Kinder“ in einer unglücklichen Beziehung bleibt, sollte Erwachsene befragen, die so aufgewachsen sind. Die meisten erklären klar: „Meine Eltern haben mir nur gezeigt, wie Liebe und Beziehung nicht funktioniert.“

Wie es Elternteilen nach einer Trennung geht, hängt von vielen Faktoren ab. War die Entscheidung eine gemeinsame? Ändert sich auch die wohnliche Situation? Könnt ihr als Elternteam trotzdem noch funktionieren? Egal, ob du allein- oder getrennterziehend bist, oft nagt das schlechte Gewissen.

„Eigentlich war die Beziehung schon lange nicht mehr so glücklich, wir hatten uns wenig zu sagen. Wir hatten uns lange Kinder gewünscht, aber alle Behandlungen klappten nicht. Als ich tatsächlich entschied, auszuziehen, stellte ich fest, dass ich schwanger bin. Rolle rückwärts. Wir blieben zusammen und die Zwillinge waren unser großes Glück. Als Eltern. Aber ein Liebespaar waren wir nicht mehr. Als die Kinder zur Schule kamen, zog mein Mann zwei Straßen weiter. Unsere Töchter sind seit einem Jahr im Wechsel eine Woche bei mir, eine Woche bei ihrem Vater. Damit geht es den Mädchen gut. Mir nicht so sehr. Ich habe das Gefühl, dass ich ihnen keine heile Welt biete. In der Zeit, in der sie bei meinem Ex sind, geht es mir ehrlich gesagt richtig gut. Ich arbeite viel, treffe mich mit meinem Freund und fühle mich richtig frei. Und gleichzeitig fühle ich mich mies, weil es mir so gut geht. Wer wirklich alleinerziehend ist, hat ja eine ganz andere Belastung als ich.“

Janina, 41, zwei Töchter, 8 Jahre

Fokus: Schlechtes Gewissen entsteht oft aus dem Kontrast zwischen dem, was wir erleben, und dem, was wir unserer Meinung nach erleben sollten. Die Tatsache, dass du die kinderfreie Zeit genießt, obwohl du das Gefühl hast, dass du eigentlich das Kind vermissen solltest ... damit haben nicht die Kinder das Problem, sondern du. Und damit, dass du deinem Kind früh zeigen musst, dass die Welt nicht so perfekt ist.

Mögliche Lösungswege

Akzeptiere die Situation: Vergleiche nützen nichts. Mach das Beste aus deiner Lebenssituation. Der andere Partner unterstützt gar nicht? Dann suche dir andere Alleinerziehende, gemeinsam könnt ihr euch unterstützen und austauschen. Der Ex ist ein aktiver Vater? Das ist doch für die Kinder toll. Versuche, die kinderfreie Zeit nicht als „Ich-böse-Mutter-bin-nicht-für-die Kinder-da"-Zeit, sondern als deine Energieladetage zu sehen.

Gestalte die kinderfreie Zeit: Der Tag, an dem die Kinder zum anderen Elternteil „umziehen", kann ein fieser Wechsel sein. Alles ist zu ruhig, du bist erst 100 Prozent gefordert, nun deutlich weniger. Nutze das für dich: Verabrede dich mit Freunden, koche dir dein Lieblingsessen. Plane bewusst Dinge ein, die ohne Kinder klasse sind, und versuche, die Zeit für dich positiv zu füllen.

Sei präsent, wenn du mit deinem Kind zusammen bist: Anstatt dich mit Gedanken zu belasten, was du verpasst hast, konzentriere dich darauf, die Zeit zu genießen, die du mit deinem Kind hast. Qualität vor Quantität!

Tausche dich aus: Sprich mit anderen Trennungseltern über deine Gefühle. Du wirst vermutlich überrascht sein, wie viele mit den gleichen Schuldgefühlen ringen.

Sortiere deine Gedanken neu: Oder wie es auf Neudeutsch heißt: reframe. Anstatt dich auf das Schuldgefühl zu konzentrieren, danke dir selbst dafür, dass du dein Bestes gibst.

Pragmatische Lösungen: Baue dir ein Netzwerk auf. Wahlverwandtschaften, gute Freunde und andere Alleinerziehende können nicht nur unterstützen, sondern es ist auch ein Austausch unter Erwachsenen möglich.

Mindset: Du bist ganz und gar allein mit deinem Kind. Das ist belastend, weil du immer an jedem Tag der Woche zuständig bist. Aber es hat auch Vorteile: Du musst nicht alles mit einem anderen absprechen und lebst nicht in einer belastenden Beziehung.

Die Familienberaterin Mareike Fell plädiert dafür, Trennungen grundsätzlich zu „entschrecklichen"! Sie hat es für Béas Blog aufgeschrieben: „Als systemische Familienberaterin begleite ich Trennungen seit vielen Jahren. Meist kommt erst eine Person allein, mit vielen Ängsten im Gepäck: Wie sage ich es der anderen Person? Worauf achten? Und vor allem: Wie sage ichs dem Kind? Gerade Letzteres führt bei den Eltern zu vielen Sorgen. Was wird mit meinem Kind passieren? Geht das Kind womöglich kaputt? Und so sind auch Schuldgefühle immer mit dabei: Darf ich mich trennen, nur weil es mir persönlich in der Konstellation nicht mehr gut geht? Ist das nicht vermessen? Sollte ich nicht lieber weiter aushalten?"

Wird die Entscheidung, weiter „auszuhalten", zu Ende gedacht, hat sie einen hohen Preis: unsere Gesundheit, so Mareike Fell. Standhalten kann dazu führen, eigene Bedürfnisse zu unterdrücken, was wiederum andauernden emotionalen Stress zur Folge hat. Dieser kann das feine Gleichgewicht der Biochemie stören und im Extremfall zu einem Zustand führen, der als „Mütter-Burn-out" bekannt ist – eine schwerwiegende Erschöpfung, die es einer Mutter unmöglich macht, sowohl geistig als auch körperlich für ihre Kinder da zu sein.

In Fells beruflicher Praxis stehen oft zwei Optionen zur Auswahl: Sich möglicherweise schuldig fühlen, weil man gegangen ist, oder standhalten, bis man sich selbst aufgibt. Viele Mütter hadern gerade mit dieser Frage vor einer möglichen Trennung. Oft ist im Internet der Hashtag #Momguilt zu lesen und gerade hier stellt sich auch die Frage: Bin ich als Mutter denn verantwortlich für eine belastende Familienkonstellation? Was, wenn die Partnerschaft eng und innig ist, aber das Verhältnis zu den Schwiegereltern schwierig ist? Oder zu den eigenen Eltern. In den heiteren Spielfilmen machen alle gemeinsam Urlaub, die warmherzige Oma mit dem Dutt kocht und backt für alle, ist immer parat, wenn die Enkel eingehütet werden sollen. In der Realität leben Eltern oft weit weg von der Verwandtschaft, die Großmutter erwartet eher, selbst bekocht zu werden, oder ist selbst berufstätig. Mit der älteren Generation ist oft auch Beziehungsarbeit oder gar Pflege verbunden. Und somit auch das Gefühl: „So habe ich mir das nicht vorgestellt."

Das Elternbild in den sozialen Medien

Noch mal zum Elternbild. Du kannst das Internet zu deinem Werkzeug machen – oder als Folterinstrument nutzen. Fangen wir doch gleich mit der berühmt-berüchtigten perfektionierten Inszenierung des Lebens auf Instagram an. Wisst ihr, diese Mütter, die aussehen, als wären sie direkt aus einem Modemagazin entsprungen, mit stets strahlend weißen Zähnen, makellosem Make-up und dem perfekt aufgeschäumten Soja-Latte in der Hand? Und das Schlafzimmer ihrer Kinder sieht eher aus wie eine Ausstellungsfläche bei Ikea, kein einziges Lego-Steinchen im Weg, während bei euch der Boden eher einem Minenfeld aus Spielzeugautos und Puppen ähnelt?

Nun, um es kurz zu machen – glaube das alles nicht! Denn all das ist schöner Schein, es sind Momentaufnahmen, kunstvoll inszeniert und geschickt präsentiert. Hinter den Kulissen sieht es wahrscheinlich genauso chaotisch aus wie bei dir. Und wenn nicht, na und? Je-

der hat seine eigene Art, Mutter oder Vater zu sein – das ist, was uns ausmacht und was zählt.
Eines der größten Probleme, die Social Media mit sich bringt, ist der Vergleich. Der ständige Wettbewerb um den ersten Zahndurchbruch, die ersten Schritte, wer das süßeste Snackglas hat oder die hippesten Biobaumwollstrampler.

Schuldfalle: Ich schaffe es nicht, so perfekt zu sein wie die Insta-Mamas.
Fokus: Vergleiche können wehtun – dann sind soziale Medien alles andere als sozial und sorgen für miese Gefühle. Aber du kannst die Medien auch positiv für dich nutzen.

Mögliche Lösungswege

Mach den Reality-Check: Erinnere dich daran, dass das, was du auf Instagram oder TikTok siehst, heftig bearbeitet wird und oft inszeniert ist. Es ist nicht die ganze Geschichte.
Folge Menschen, die dich aufbauen: Es gibt viele Instagram-Mütter und -Väter, die die Schönheit und das Chaos des Elternseins ehrlich darstellen. Sucht sie und lasst euch von ihnen inspirieren!
Netzwerken: Verwende soziale Medien, um Verbindungen mit anderen Eltern herzustellen, nicht, um dich zu vergleichen oder zu konkurrieren. Du kannst über Chats und Gruppen Menschen kennenlernen, dich über Erziehungsthemen austauschen und auch dann Gleichgesinnte treffen, wenn dein krankes Kind das gerade nicht möglich macht oder wenn du sehr ländlich lebst.
Fortbilden: Berufliche Netzwerke wie LinkedIn machen es möglich, mit Kolleginnen und Kollegen auch in der Elternzeit in Kontakt zu bleiben oder sich via Online-Seminar fortzubilden.
Schalte auch mal ab: Manchmal ist die beste Social-Media-Nutzung keine Nutzung. Gönn dir eine Auszeit, um einfach im Moment zu sein.

Knappe Finanzen und der eigene Anspruch

Zum Elternbild gehört ganz klar auch der eigene Anspruch, dem Kind etwas bieten zu können, allem gerecht zu werden. In einer idealen Welt haben beide Eltern erfüllende Arbeitsplätze, können Elternzeit nehmen, haben ein hübsches Zuhause, einen vollen Kühlschrank und ein tolles Betreuungsnetz. Aber der Alltag ist für viel zu viele anders. Béa war als junge Mutter alleinerziehende Studentin, Silke lebte in einer teuren Großstadt so eng, dass die Kinder lange ein Zimmer teilten.

Schuldfalle: Ich habe so wenig Geld und kann nicht genug bieten.

Silke: *„Als meine Tochter geboren wurde, lebten wir in einer kleinen Zweizimmerwohnung. Kein eigenes Zimmer für das Baby? Puh. Ich kannte aus meiner eigenen Kinderzeit ein Einfamilienhaus und viel Platz. Ganz klar, das Baby hat es gar nicht gestört, und so hat das Töchterchen in einer Zeit, in der Säuglinge oft früh allein schliefen, Co-Sleeping im Elternschlafzimmer gemacht. Nach dem Umzug gab es zwar dann ein Zimmer mehr, aber bald auch einen weiteren kleinen Menschen in der Familie. Auch das Beengte fand ich damals schwierig. Die Kinder aber fanden es ganz lange Jahre klasse, spielten gern zusammen und hatten ein inniges Verhältnis. Mich hat das belastet. Aber die beiden nicht."*

Fokus: Räumliche Enge kann belasten. Dann sind pragmatische Lösungen gefragt. Gleiches gilt für finanzielle Sorgen. Schulden sorgen sehr für Schuldgefühle!

Mögliche Lösungswege

Klare Rollenverteilung aktiv erörtern: Besprecht eure Rollen in der Familie und dass Care-Arbeit auch Arbeit ist. Denn nicht nur Erwerbsarbeit zählt, auch die unbezahlte Arbeit. Wer sich das klarmacht, kann das erwirtschaftete Einkommen leichter als gemeinsames Geld sehen.

Wohnsituation: Suche nach kreativen Lösungen. Vielleicht auch als Erwachsene im Wohnzimmer schlafen?

Neue Wege suchen: Die Wohn- oder finanzielle Situation belastet sehr? Vielleicht ist das auch ein Anlass, um sich beruflich umzuorientieren, sich zu überlegen, eventuell den Wohnort zu verlassen. Wo lässt sich sparen, wo mehr erwirtschaften?

Über Geld sprechen: Sonst belastet das die Beziehung der Eltern sehr. Bei Schulden rechtzeitig Beratungsstellen aufsuchen. Dazu gehört aber auch, dass offen geredet wird und ein realistischer Tilgungsplan verbindlich vereinbart wird.

Béa war im Studium und ihre Tochter Carina zweieinhalb Jahre alt, als die Trennung vom Vater ihres Kindes stattfand. Sie blieb in einer recht großen Wohnung und suchte eine Mitbewohnerin. Diejenige, die dann einzog, wurde nicht nur eine gute Freundin, sondern auch Teil der Familie und wie eine zweite Mutter für Carina! Außerdem stand Béa vor dem Problem, dass alle Studienkollegen abends ausgehen konnten, Béa aber finanziell ziemlich knapp war. Die richtige Frage zu stellen, brachte sie auf die Idee: Wer würde mich fürs Ausgehen bezahlen? Richtig: Eine Werbeagentur ließ sich davon überzeugen, einen Trendforschungsmonitor zu etablieren, und bezahlte sie dafür, Jugendtrends zu ermitteln.

Wie auch immer … du siehst: Es gibt Lösungen.

Leichter durch den *Familienalltag*

Die Tage sind durchgetaktet. Kita, Schule und Job geben enge Zeitpläne vor. Für viele Familien türmen sich täglich Hürden auf. Wer soll denn das alles schaffen? Und wie kann in all das Schwere Leichtigkeit ohne mieses Gefühl kommen?

Ihre Kindheit ist dein Alltag

Ein Satz, der gerade scheinbar auf allen Kanälen zu lesen ist: Dein Alltag ist ihre Kindheit. Die meisten Mütter – und etliche Väter – verdrehen sofort innerlich die Augen. Jetzt muss auch noch jeder normale Tag unvergesslich werden! Das heißt, dass ich also die Verantwortung dafür trage, dass es nie langweilig wird, mein Kind die beste Förderung hat und kein Trauma davonträgt, weil ich selbst gestresst bin, mal einen Wutanfall bekomme oder partout keine Lust habe zum Basteln. So ein Satz sorgt für Schuldgefühle. Denn ganz oft flüstert das schlechte Gewissen den Glaubenssatz: „Ich sollte meinen Alltag so gestalten, dass mein Kind die allerbeste Kindheit hat!"

Du kannst dir so einen Satz als Ballast aufbürden. Aber du kannst auch noch einmal genau hinschauen. Das steht da doch gar nicht! Vielleicht ist dieser Satz auch anders zu interpretieren? Wieso ist Alltag etwas Schlechtes? Warum wird das eigentlich gleichgestellt mit Langeweile? Wie anstrengend wäre unser Alltag, wenn es nicht die vielen kleinen Routinen gäbe? Vor allem Kindern geben sie Sicherheit. Und wenn du daran denkst, wie oft du ein Lieblingsbuch vorlesen musst, dann weißt du, dass Kinder Wiederholungen ganz schön finden. Du kannst die Worte auch so verstehen, dass sie einfach zeigen, dass es kleine und vermeintlich alltägliche Dinge in eurem Miteinander sind, die dein Kind prägen.

Silke: *„Da waren diese Tage ... ich habe mit der U-Bahn und der Kinderkarre erst das eine Kind von der Tagesmutter abgeholt, dann das andere aus der Kita. Noch schnell einkaufen, alles bei uns im Stadtteil zu Fuß. Oft lagen meine Nerven blank. Die Kinder waren überdreht und ich habe dann oft Sesamstraßenlieder gesungen. Weil ich sonst durchgedreht wäre. Später erzählte mir meine Tochter, wie schön es immer gewesen wäre, dass sie beim Bäcker ein Brötchen bekam, wir drei alle immer das Alphabet gesungen hätten und sie noch heute toll findet, dass wir am Wegesrand Blätter und Kastanien gesammelt haben. Das, was mich so nervte, ist für meine Große heute eine prägende Kindheitserinnerung."*

Kleine Momente können magisch sein und prägen. Mithilfe im Haushalt, kleine Lieder, die ihr euch beim Anziehen oder Zähneputzen ausdenkt. Du musst nicht in jeder Sekunde perfekt sein oder etwas Besonderes liefern. Aber als Eltern seid ihr die Leuchttürme im Leben eures Kindes.

Wenn du merkst, dass das Verhalten deines Kindes dich besonders nervt, dass du innerlich kochst, dann widme dich deiner eigenen Anspannung und deinen Emotionen: Was genau macht dich gerade wütend oder lähmt dich? Der nächste Schritt ist, auch diese „negativen" Gefühle zuzulassen. Du darfst deine Anspannung, deine Gereiztheit, deinen inneren Druck wahrnehmen. Denn sie zeigen dir einen Zugang zu deinen Bedürfnissen. Wir wachsen gemeinsam mit unseren Kindern, denn sie lehren uns auch viel über uns selbst!

Es reicht, wenn du als Elternteil gut genug bist und dieses „gut genug" gilt für viele Bereiche. Du möchtest, dass dein Kind eine wunderschöne Kindheit hat. Deswegen musst du ihm immer viel anbieten und wunderbare Erlebnisse schaffen? Nein! Eltern sind keine Alleinunterhalter und müssen kein riesiges Programm abspulen. Erinnerungen schaffen wir jeden Tag. Erinnere dich doch an deine eigene Kindheit!

WAS SIND DEINE ERINNERUNGSSCHÄTZE?

Der Geschmack von warmem Vanillepudding, der Duft von frisch gemähtem Gras im Kleingarten, wie lustig schräg Papa pfiff, wenn er im Keller werkelte, das Parfüm deiner Mutter .... Gibt es Erinnerungen, Düfte, Gerüche, Geschmack – eigentlich kleine Dinge –, die sich nach Geborgenheit anfühlen? So eine warme Decke der Erinnerungen ist ein wertvoller Schatz. So eine Schatztruhe füllst du auch. Mit Himbeereis und dem Geschmack von Pommes im Freibad, kleinen Ausflügen ...

Start in den Tag – aufwecken, anziehen und frühstücken

Guten Morgen, liebe Sorgen … manchmal ist gerade der Start in den Tag sehr belastend. Eines der Hauptprobleme: Wir können nicht nach unserem eigenen Zeitgefühl leben. Denn auch wenn du selbst am liebsten jeden Tag bis neun Uhr schlafen möchtest, vielleicht hast du ein Frühaufsteher-Kind? Außerdem sind da ja auch die Kita, später die Schule, und der Arbeitsplatz, die warten. Gerade wenn dir selbst das Aufstehen schwerfällt, ist ein eng getakteter Morgen umso stressiger.

Schuldfalle: Der Start in den Tag ist purer Stress.

„Am Abend gehe ich schon mit einem miesen Gefühl schlafen. Denn der Wecker klingelt um sechs Uhr und dann muss einfach alles laufen. Ich nehme mir schon viel Zeit, aber mit zwei Kindern ist es immer hektisch. Der Dreijährige hat gefühlt immer einen Wutanfall und die Fünfjährige ist immer müde und kommt nicht aus dem Bett. Mein Mann rennt nur hektisch an uns vorbei und braucht seinen Kaffee. Wir kommen so oft zu spät in den Kindergarten, weil irgendetwas fehlt, es doch ein Kakao und kein Saft sein sollte. Ich merke auch selbst, dass ich immer mehr schimpfe, und jeden Tag habe ich ein schlechtes Gewissen, dass der Tag so blöd los geht.“ Jule, 39, zwei Kinder, 3 und 5 Jahre alt.

Fokus: Wie kann ein gemeinsamer gelassener Start in den Tag funktionieren? Wir zeigen euch unsere zwei Lösungsvarianten – ganz viele Strukturen oder völlige Wildcard? Es gibt die „Silke Ruhe und Plan“-Methode und die „Béa Stress mit Spaß“-Methode. Du hast die Wahl und entscheidest, was für euch passt! Vielleicht ist es eine Mischung oder ganz anders …

Mögliche Lösungswege

Stress mit Spaß: Und Action: Du maximierst die Ausschlafzeit bis zur letzten Sekunde. Du stehst im allerletzten Moment auf, wissend, dass du JETZT voller Energie loslegen musst. Du schießt in die Höhe und erklärst: The race is on! Mit Sportkommentatorstimme. Und viel Humor.

Klamotten? Egal. Zur Not im Schlafanzug in die Kita. Und Socken müssen auch nicht zu 100 Prozent richtig sitzen. Alles hat Lerneffekte ...

Zu spät sein? Entdecke den Italiener in dir. Wenn du nicht gerade einen Zug oder Flug verpasst ... was sind schon einige Minuten Zuspätkommen?

Frühstück wird auch überbewertet? Béa konnte schon als Kind nichts runterbekommen, ihr Tochter Carina fand Frühstück immer gut und bestand darauf. Zu Kitazeiten gab es Frühstück in der Kita, und da WOLLTE die kleine Carina pünktlich sein. Später zu Schulzeiten war sie selbst hinterher, noch frühstücken zu können, und beherrschte, seit sie etwa acht Jahre alt war, ein hervorragendes Porridge oder ein deftiges Omelett, das selbst Gäste beeindruckte.

Ein bisschen Plan muss sein: Der Morgen mit zwei kleinen Kindern? Hat für Silke so geklappt: Immer 40 Minuten vor den Kindern aufstehen. Lustigerweise wollen sie ja dann länger schlafen, wenn es für die Kita früh losgehen sollte. Du kannst dann zwar innerlich klagen, weil es so früh ist, kannst aber in Ruhe duschen und den ersten Kaffee trinken. So bist DU schon mal etwas entspannter am Morgen.

Wecken, am besten mit einem Morgenritual: Schalte einen sanften Wecker ein (oder den Handy-Alarm) und wecke sanft, Vorhang auf, zartes Streicheln, ein kleines Morgenlied. Alles ruhig, ganz ruhig.

Plane genug Zeit ein. Mademoiselle Kleinkind will sich allein anziehen? Ist doch toll, dass sie das möchte. Kann halt dauern. Socken beispielsweise sind noch eine richtige Herausforderung. Üben, üben, üben ist das Zauberwort.

Lege die Kleidung über einen Stuhl – und zwar so, dass ganz oben Unterwäsche und Socken liegen, zuletzt Hose und Pulli – also in der Reihenfolge, wie die Sachen angezogen werden. Sucht die Sachen am Tag vorher schon heraus, wenn das Kind gerade gut drauf ist.

Das erhöht die Chance auf weniger Kampf am Morgen. Es soll auch Eltern geben, die ihrem Kind zum Schlafen schon den frischen Pulli anziehen, so ist der kleine Mensch beim Aufwachen schon angezogen. Warum nicht, wenn es euch entspannt?
Das Prinzip Vorbereitung gilt auch am Frühstückstisch. Am Abend schon eindecken. (Ein paar Tipps gleich im Kasten.) Alles immer zeitlich knapp? Dann gibt es notfalls Frühstück to go: Smoothie oder belegtes Sandwich schon vorbereiten und ohne viel Tamtam und Tischdecken rasch essen. Klar, ist ernährungswissenschaftlich nicht super, erst recht nicht, wenn das Kind wirklich im Auto isst. Aber im Ausnahmefall okay. In der Kita wird doch meist immer noch mal gefrühstückt!
Beziehe auch den anderen Elternteil ein: Gleiches Recht für alle. Vielleicht laufen die Papa-Morgen mehr nach der Silke-Plan-Methode und die Mama-Morgen nach Béa-Action. Kein Problem. So wird es nicht langweilig und wer nicht immer zuständig ist, ist auch entspannter. Ihr könnt ja auch gemeinsam lernen und euren Familienweg finden.
Probier aus, was für euch passend ist, und entwickle euer eigenes Morgenritual. Erfahrungsgemäß kommt es oft anders als gedacht und dann läuft es plötzlich. Versuch es einfach!
Beim Computer klappt das mit dem Neustart und dem Stecker-Ziehen manchmal. Vielleicht ist das auch für euch eine Lösung? Ein Reset? Gestaltet die ganze Morgenplanung neu. Startet mit lauter Musik und Tanzen in den Tag. Frühstückt auf der Terrasse, zieht die Kleidung verkehrt herum an oder lasst das Kind für euch das Outfit auswählen. Versucht, albern zu sein, zu lachen und den Druck rauszunehmen, indem ihr andere Rituale einführt. Sobald euer Nachwuchs zur Schule geht, ändern sich Zeiten ja noch einmal. Und ja, notfalls auch einfach das Kind mal im Schlafanzug in die Kita schicken. Anderes Outfit in der Tasche dabei. Erfrieren wird es nicht.

IDEEN FÜR EIN RATZIFATZI-FRÜHSTÜCK

Overnight Oats: deine neue Geheimwaffe. Mische Haferflocken, Milch und Quark oder Joghurt. Lass das Ganze über Nacht im Kühlschrank ziehen. Morgens nur noch Obst und oder Nüsse dazugeben und auf Wunsch etwas süßen und – voilà!

Smoothies: Sie sind blitzschnell gemacht und ein gesunder Start in den Tag. Einfach Obst, Spinat oder anderes Gemüse, Wasser, Joghurt oder Milch in den Mixer geben. Prost!

Quark mit Obst: Ein guter Start in den Tag muss nicht kompliziert sein. Ein bisschen Quark oder Joghurt mit frischen Beeren oder etwas Honig – das funktioniert immer.

Pfannkuchen aus Bananen und Haferflocken: Für alle, die etwas süßes Gesundes mögen. Eine Tasse feine Haferflocken, eine reife Banane, ein Ei und etwas Milch in den Mixer geben, die Masse in der Pfanne als kleine Küchlein ausbacken – mehr braucht es nicht.

Stullen zur Auswahl: Bereite Brote zum Belegen vor, das Kind kann selbst wählen, was es möchte, ein wenig wie beim Hotelbüfett.

Frühstück to go: Sandwich, Wrap oder eingerollter kalter Pfannkuchen. Kleines Picknick auf dem Balkon oder vor der Kita? Als Ausnahme auch mal in Ordnung.

Restefeste : Kalte Pasta oder Pizza vom Vortag schmeckt zum Kaffee mega (und die Kleinen mögen es auch).

Rituale und Tagesstrukturen

Gemeinsame Rituale sind ein wertvoller Schatz für jede Familie. Sie geben Halt, zeigen Orientierung und stärken die Bande zwischen allen Familienmitgliedern. Rituale sind nicht nur gut für die Kleinen, sondern auch für euch Große. Manche Rituale erinnern uns an unsere eigene Kindheit und lassen uns in Erinnerungen schwelgen. Andere Rituale können wir als Eltern ganz frisch erfinden. Klingt toll. Aber kann auch reichlich stressig werden.

Schuldfalle: Tradition stresst mich.

„Als Paar war es kein Problem, dass wir zwei ganz unterschiedliche Backgrounds haben. Ich bin in einem kleinen katholischen Dorf in Bayern aufgewachsen, mein Mann mitten in Berlin. Aber mit den Kindern zogen Weihnachtsmann und Christkind ein. So viele Feste, so viele Ansprüche auch von den Großeltern. Wir möchten den Kindern natürlich vermitteln, was den Familien wichtig ist, aber manchmal fühlt sich das zu eng an. Kaum bin ich durch mit dem Wichteln und den Adventsplätzchen, muss ich schon wieder Ostereier auspusten. Aber ohne solche Feste fehlt doch den Kindern etwas." Anne, 32, zwei Kinder, 5 und 7

Fokus: Wo tut euch eine Familientradition gut? Das ist eure Entscheidung. Feste Rituale müssen gar keine Feste sein, die könnt ihr jedes Mal anders gestalten, wenn ihr mögt. Rituale sind regelmäßige Abläufe, die euch als Familie eine Struktur geben.

Mögliche Lösungswege

Wochenendtraditionen: Esst gemeinsam am Wochenende ein ausgiebiges Frühstück oder bruncht zusammen. Dabei könnt ihr euch Zeit nehmen, um über eure Woche und eure Pläne für das Wochenende zu sprechen.

Jahreszeitenrituale: Schafft Rituale, die mit den Jahreszeiten in Verbindung stehen. Das können Aktivitäten wie das Sammeln von Herbstblättern, das Basteln von Weihnachtsschmuck oder das Pflanzen von Blumen im Frühling sein. Oder ganz kreativ antizyklisch: Tannenbaum im Juni, Bikiniparty im Schwimmbad im Winter, einen kleinen Indoor-Garten anlegen im Herbst und Kürbissuppe im Frühjahr.

Feste: Ihr könnt sie feiern. Aber ihr müsst nicht. Vielleicht führt ihr auch eigene ein? Den Betttag? Den Pyjama-Tag? Sucht euch eure Festtage selbst aus und entscheidet, ob Tannenbäume, Kränze oder Zuckerfest. Ihr entscheidet als Eltern, wie eure Feste ausfallen.
Naturritual: Macht regelmäßig Spaziergänge in der Natur, vielleicht jeden Sonntag oder einmal pro Woche. Dabei könnt ihr die Natur erkunden, gemeinsam spielen oder einfach nur die Ruhe und Schönheit der Umgebung genießen.

RAUS IN DIE NATUR: EIN PAAR ANREGUNGEN

Kreative Idee für Spaziergänge: Sind die Kinder eher Spaziergang-Muffel?
Sucht einen Patenbaum: Den besucht ihr in allen Jahreszeiten. Wie sieht er aus, wer wohnt in ihm?
Feen und Elfen: Wusstet ihr, dass im Stadtpark und in kleinen Wäldern magische Wesen leben? Da: Ist das ein Mauseloch oder eine Feenhöhle? Mit Geschichten und Suchaufgaben macht das Auslüften Spaß.
Macht eine Fotosafari: Wenn Kinder Smartphones oder Digitalkameras besitzen oder sich die Geräte bei euch ausleihen dürfen, dann findet gemeinsam ein Thema für die Fotosafari. Zum Beispiel kann das einfach „rot" sein: Findet und fotografiert möglichst viele rote Gegenstände. Daraus kann auch ein Ratespiel entstehen: Den Gegenstand erst nah fotografieren dann von etwas weiter weg. Nach dem Spaziergang können die anderen raten, was das genau ist. Weitere Themen für tolle Bilder: Baumrinde, Zweige, Winterblumen, Müll (dabei kann man noch was für die Umwelt tun und altes Plastik und Co. aufheben und entsorgen), Spiegelungen ...

Kreativritual: Plant wöchentliche Bastel- oder Malnachmittage, an denen ihr alle zusammen kreativ werdet. Ihr könnt gemeinsam malen, basteln, Origami falten oder andere handwerkliche Aktivitäten ausprobieren. Ihr könnt jenseits von Perfektion denken: Wenn ihr auf Béas Blog im Suchfeld „Grobmotoriker" eintippt, kommen ziemlich viel tolle Ideen für Bastelunfähige! Ihr müsst das nicht können und lieben! Aber ihr könnt es probieren.

Kochritual: Verbringt regelmäßige Kochabende zusammen, bei denen jedes Familienmitglied eine Aufgabe übernimmt. Ihr könnt neue Rezepte ausprobieren, eure Lieblingsgerichte zubereiten oder ein bestimmtes Thema für den Kochabend wählen. Oder ihr experimentiert mit allem, was ihr zufällig im Kühlschrank findet!

Spielritual: Plant feste Spielabende oder -nachmittage, an denen ihr gemeinsam Brettspiele, Kartenspiele oder Videospiele spielt. Das schafft nicht nur Spaß, sondern fördert auch die Familieninteraktion und Teamarbeit.

Filmabend: Macht einen bestimmten Tag in der Woche zum Filmabend, an dem ihr gemeinsam einen Film schaut. Ihr könnt Popcorn machen, euch in Decken kuscheln und den Abend genießen.

Gutenachtritual: Gestaltet ein besonderes Gutenachtritual, das jedes Familienmitglied vor dem Schlafengehen macht. Das kann eine kurze Meditation, ein gemeinsames Gebet oder ein Dankbarkeitsritual sein, bei dem jeder über seinen Tag spricht und dankbar für etwas Schönes ist.

Spielabende mit anderen Familien: Organisiert regelmäßig Spielabende mit befreundeten Familien. Das gibt euch die Möglichkeit, eure Beziehungen zu pflegen und gemeinsam Spaß zu haben.

Familientag: Fordert euch heraus, einen Tag im Monat als Familientag zu gestalten, an dem ihr gemeinsam etwas Besonderes unternehmt. Das können ein Familienausflug, ein Picknick im Park oder ein Tagesausflug sein. Am genialsten ist, wenn ihr das volle Kommando den Kindern gebt: Sie bestimmen, was an dem Tag passiert!

Abendritual: Das ist besonders wichtig, um den Tag in Ruhe ausklingen zu lassen. Gemeinsames Abendessen, Zähne putzen, eine kleine Waschroutine und dann ab in den Schlafanzug. Lest ein Buch vor, gebt den Gutenachtkuss und singt ein Gutenachtlied. Ein festes, immer wiederkehrendes Abendritual schafft Ruhe und mindert Stress. Zähneputzen gehört einfach dazu.

Und im Hochsommer? Da gibt es dann auch mal Ausnahmen: Abendbrot-Picknick am Badesee. Oder gemeinsam an einem Wochenende wach bleiben bis zum Sonnenaufgang.

Quality Time mit jedem Kind: Zwischen den Aktivitäten der Geschwister könnt ihr spezielle Zeit für jedes Kind einplanen. Vielleicht möchtet ihr gemeinsam das Lieblingsbuch lesen, eine kleine Teezeremonie mit den Kuscheltieren zelebrieren oder einfach einen Spaziergang machen. Findet gemeinsam heraus, was euch als Familie Spaß macht, und nehmt euch bewusst Zeit für jedes Kind, individuell mit jedem Elternteil. Das ist eine wertvolle Auszeit, wenn ihr mehrere Kinder habt.

Zeit zu zweit: Vergesst nicht das wichtigste aller Rituale: Nehmt euch bewusst Zeit als Elternpaar. Auch wenn die Kinder im Mittelpunkt stehen, ist es wichtig, sich als Paar nicht aus den Augen zu verlieren. Vereinbart feste Zeiten nur für euch, um eure Beziehung zu stärken. Denn ihr seid nicht nur Eltern, sondern auch ein Liebespaar – und das sollte gefeiert werden.

Diese Ideen dienen nur als Inspiration. Das Wichtigste ist, Rituale zu finden, die zu eurer Familie passen und euch Freude bereiten. Rituale können immer angepasst und verändert werden, um den Bedürfnissen und Interessen eurer Familie gerecht zu werden. Oder ganz bewusst gebrochen werden!

Medien – die Balance zwischen On und Off finden

Schon lange hat die Digitalisierung auch Einzug in die Kinderzimmer gehalten. Bildschirme sind heutzutage ein fester Bestandteil des Lebens. Sie bieten den Kindern Unterhaltung, Lernmöglichkeiten und Kommunikation. Doch gleichzeitig stellen sie Eltern vor Herausforderungen. Wie gelingt die Balance zwischen Display und echter Welt? Das Zauberwort ist Medienkompetenz. Medienerziehung fängt tatsächlich bereits bei der Geburt an, weil das Baby miterlebt, wie die Eltern Geräte nutzen. Wie lange läuft der Fernseher? Guckt ihr Erwachsenen jedes Mal auf das Smartphone, wenn es piept? Wie präsent sind Bücher, Zeitungen und anderes Gedrucktes? Nutzt ihr Spielkonsolen? Ist der Computer bei euch vor allem ein Arbeitsmittel oder der Eingang in die Welt der Spiele?

Ihr Eltern seid alle selbst mit Medienberieselung aufgewachsen. Fernseher, Gambeboy, PC, iPad und DVD sind nicht neu. Aber die ständige Erreichbarkeit, die unendlichen Möglichkeiten der Apps, die schon. Medienkompetenz bezeichnet die bewusste und aktive Nutzung dieser vielen Möglichkeiten. Werkzeug oder Berieselung – das ist ein großer Unterschied. Fotos machen, Audios und Videos aufnehmen und Spiele können Kinder aktiv zur Lernförderung nutzen. Es gibt interaktive Bilderbücher und Lernspiele. Auch Konsolenspiele sind nicht nur passiv. Mit Tennis, Kegeln oder Karaoke wird Bewegung oder Interaktion gefordert, und das kann durchaus den traditionellen Spieleabend mit Brettspielen ergänzen. Aber trotzdem – wie finden Eltern das richtige Maß?

3-6-9-12-REGEL

Die Bundeszentrale für gesundheitliche Aufklärung empfiehlt:

» kein Bildschirm unter 3 Jahren,
» keine eigene Spielkonsole unter 6 Jahren,
» kein Internet oder Smartphone unter 9 Jahren,
» kein Internetzugang ohne Aufsicht unter 12 Jahren.

Wir finden diese Regeln etwas zu starr, denn scheinbar wird hier nur von einer sehr passiven Mediennutzung ausgegangen. Wenn ein Kind selbstständig ein Hörspiel aufnimmt, eine Bildcollage erstellt oder mit dem Spiel Minecraft Kunstwerke zaubert, ist das durchaus aktives und kreatives Spiel.

Das Smartphone ist kein Feind. Es ist ein nützliches Werkzeug, wenn es darum geht, Bilder zu schießen, sich mit Freunden auszutauschen oder auch mal etwas nachzulesen. Selbst wenn dein Kind dabei ist, kann es in diesen Aktionen einen Nutzen sehen. Es geht schließlich nicht darum, Technik zu verteufeln, sondern einen sinnvollen Umgang mit ihr zu lernen.

Dein Kind lernt von dir. Und das Wichtigste, das es lernen sollte, ist die Balance: zwischen On- und Offline-Zeit und wer wem wie lange Aufmerksamkeit schenkt. Hand aufs Herz, in dieser schnelllebigen Welt ist das doch eine Erinnerung, die wir alle gut gebrauchen können, oder?

Schuldfalle: Mediennutzung – zu viel, zu wenig, zu passiv?

„Unser 5-Jähriger liebt mein Smartphone. Er will da immer reingucken oder alternativ am Tablet einen Film gucken. Mein Mann findet, wir sollten ihn noch gar nicht diese Medien nutzen lassen. Aber ich finde, es gehört dazu, bewusst damit umzugehen.“ Anja, 34, Mutter eines Sohnes, 5

Fokus: Eigene Grenzen ausloten und passende Regeln für die Familie finden. Was ist zu viel? Wie kann es gelingen, einem Kind einen guten Umgang mit den digitalen Möglichkeiten zu zeigen?

Mögliche Lösungswege

Grenzen setzen und Vorbild sein: Kinder lernen am meisten durch Nachahmung: Was du tust, wird oft wichtiger als das, was du sagst. Also zeig deinen Kids, wie man Technologie vernünftig nutzt und gleichzeitig das Leben in vollen Zügen genießt.

Einführung von Mediennutzungsregeln: Es ist sinnvoll, technikfreie Zeiten einzuführen, sei es während der Mahlzeiten, vor dem Schlafengehen oder zu anderen festgelegten Zeiten.

Gemeinsame Mediennutzung: Wenn du mit deinem Kind zusammen am Smartphone, Tablet oder Computer bist, könnt ihr gemeinsam Spaß haben und lernen. So könnt ihr Fähigkeiten und Interessen teilen und die Technik zusammen entdecken.

Bewusstsein für die reale Welt: Vermittle deinem Kind Wertschätzung für das Hier und Jetzt. Schaltet die Geräte ab und geht raus, entdeckt die Natur, spielt im Freien. Erinnert euch daran, das Leben mit allen Sinnen zu erleben – das ist die Grundlage für wahre Abenteuer.

Wert der Kommunikation: Guckt ihr Erwachsenen bei Gesprächen euer Gegenüber an oder ist das Smartphone immer dabei? Achtet selbst beim Miteinanderreden darauf, dass Bildschirme eine Nebenrolle spielen. Führt Zeiten ohne Geräte ein und lebt eurem Kind vor, wie toll erzählte Geschichten und Worte sind. Denkt euch gemeinsam Lieder und Geschichten aus.

Technologie als Werkzeug: Zeige deinem Kind, dass Technologie ein Werkzeug und kein Spielzeug ist. Sie kann helfen, Informationen zu finden, zu lernen und mit anderen zu kommunizieren. Aber wie jedes Werkzeug sollte es verantwortungsbewusst verwendet werden.

Lernt eine Sprache: Béa empfiehlt (auch als Gründerin von bilingualen Kitas und Schulen), wenn irgend möglich, Unterhaltung in einer anderen, neuen Sprache zu genießen und die Kids bereits ab einem zarten Alter daran zu gewöhnen. Es ist nachgewiesen, dass die Bewohner von Ländern, die ihr TV-Programm kaum synchronisiert haben, wie beispielsweise die Niederlande, deutlich besser Englisch sprechen. Linguisten sprechen inzwischen von der „Netflix-Generation", also von Jugendlichen, die durch das Schauen von Serien im Original nicht nur auf ein sehr gutes Englisch-Niveau kommen, sondern plötzlich fließend in Koreanisch sind.

Schuldfalle: Der Bildschirm als Babysitter? Ich schaff es manchmal nicht anders.

Seit es Fernsehgeräte gibt, gibt es auch Eltern, die den Fernseher anschalten, damit sie eine Auszeit haben oder irgendetwas in Ruhe erledigen können. Selbst vor 50 Jahren gab es schon Kinderfernsehen und den dringenden Wunsch, noch länger zu gucken. Nur damals gab es in Deutschland nur drei Sender und mit dem Ende des Programms war Schluss. Heute machen Streamingdienste alles möglich. *„Wir haben hier manchmal diese Tage. Dann ist ab 17 Uhr echt die Luft raus. Hausaufgaben, Arbeit, wir sind alle müde und kaputt. Die Kinder streiten nur und ich mag einfach nicht immer der Animateur sein. Dann schalte ich auch gern mal eine Folge der aktuellen Lieblingsserie an. Oft habe ich dann ein schlechtes Gewissen, weil ich schon denke, das so eine Dauerberieselung nicht gut ist." Jan, 45, zwei Kinder 6 und 8*

Mögliche Lösungswege

Ausnahmen erlaubt: Ab und an darf das sein! Wenn Kinder oder Erwachsene krank sind, alle miese Laune haben, warum dann nicht einfach den Fernseher einschalten? Gemeinsam gucken ist gerade für jüngere Kinder wichtig, weil ihr sie dann begleiten könnt. Aber wenn gerade gar nichts geht, hat sehr wahrscheinlich jeder Elternteil schon einmal zur Notmaßnahme gegriffen. Silke hatte für beide Kinder immer ihre jeweiligen Lieblingsfilme auf DVD parat. Der Vorteil: Es flimmerten nur Bilder über den Schirm, die dem Kind gefielen und es nicht verängstigten.

Alternative Hörspiel: Wie wäre es nur mit hören statt sehen? Ein Hörspiel nach der Kita oder der Schule kann entspannend sein!

Interaktives Serienerlebnis: Anstatt die Serie nur passiv zu schauen, könnt ihr sie interaktiver gestalten. Stellt Fragen, macht Vorhersagen, was als Nächstes passiert, oder diskutiert nach der Folge über die Handlung. Das fördert die kritische Auseinandersetzung und Kommunikationsfähigkeiten.

Alternatives Abendprogramm: Erstellt eine „Spaßkiste“ mit Aktivitäten, die wenig Energie erfordern, wie Puzzles, Malbücher oder leise Musikinstrumente. Jeden Abend kann ein anderes Familienmitglied etwas aus der Kiste wählen, um das dann gemeinsam zu tun.
Meditative Abendgestaltung: Führt eine ruhige Aktivität ein, die allen hilft, sich zu entspannen, wie Familienyoga oder eine Meditation vor dem Schlafengehen. Es gibt viele kindgerechte Anleitungen, die dabei helfen können, den Tag ruhig ausklingen zu lassen.
Gemeinsames Lesen: Macht es euch mit einem Buch gemütlich. Du könntest vorlesen, während alle dabei kuscheln. Das ist eine ruhige Aktivität, die die Kreativität anregt und gleichzeitig entspannend wirkt.

Wutanfälle und Kooperieren

Wie – ich darf nicht weiterforschen? Am Herd gibt es tolle Knöpfe, die darf ich nicht drehen? Und auch nicht etwas in das Klo werfen? Ungerecht! Ich will aber bestimmen: Ich will entscheiden, ob Papa etwas essen darf, ich WILL …! Es gibt Tage, an denen ein zweijähriger Mensch gefühlt zehnmal am Tag üble Zornesanfälle bekommt: eben scheinbar noch gut gelaunt und plötzlich Rumpelstilzchen, das schreit und tobt. Oft hilft es, das Bedürfnis dahinter zu sehen und das Kind zu begleiten. Was für dich als Erwachsener auch wichtig ist: eine dicke Haut und Humor. Vielleicht schreibst du mal die Gründe für Wutanfälle deines Kindes auf. Die haben es oft in sich …
Wie kann kindliche Wut vermieden werden? Jetzt musst du tapfer sein: gar nicht! Du kannst dir nur sagen: Das heißt heutzutage nicht mehr Trotzphase, sondern Autonomiephase. Das Kind lernt, selbstständig mit seinen Gefühlen umzugehen. Leider ist Lernen manchmal ein langer Prozess.
Was wäre die Alternative? Rasenmäher-Eltern sein? Die kreisen nicht um ihr Kind, sie schlagen wie mit der Klinge des Rasenmähers alle Hindernisse um. Jedes negative Gefühl, jede Enttäuschung und schlechte Erfahrung möchten sie ihrem Kind ersparen. Nie soll

es erleben, zu scheitern. Sicher ist das gut gemeint. Und scheinbar eine schnelle Lösung im Augenblick, da diese Kinder ja zunächst wunschlos glücklich sind, weil sie keine Hürden oder Enttäuschungen kennen. Aber geben solche Eltern ihrem Kind die richtigen Werkzeuge mit, um mit eigenen Gefühlen und Rückschlägen im Leben klarzukommen? Klare Antwort: nein. Denn Kinder müssen Resilienz entwickeln, sie müssen Selbstwirksamkeit lernen.

Nur wer an seine Grenzen stößt und Fehler macht, kann daraus lernen. Ein Kind, das weiß, dass es auch geliebt wird, wenn es etwas nicht richtig macht, hat eine andere innere Haltung als eines, das diese Erfahrung noch nie gemacht hat. Wer seinem Kind jede Hürde, jede Enttäuschung aus dem Weg räumt, nimmt dem Kind auch die Möglichkeit, die damit verbundenen negativen Gefühle zu erleben und zu verarbeiten. Jugendliche oder junge Erwachsene, die es als Kinder nicht erlebt haben, mit eigenen Fehlern oder auch mit dem Erlebnis des Scheiterns umzugehen, stellen sich bei kleinsten Rückschlägen infrage oder entwickeln große Versagensängste. Indem du deinem Kind etwas zutraust, auch einmal Wünsche nicht erfüllst (so gern du auch das Pony kaufen würdest) oder andere negative Gefühle zulässt, kannst du es dabei begleiten. Denn auch Wut, Frust, Trauer und Kummer sind wichtige Gefühle, die zum Leben gehören – hilf deinem Kind beim Lernen.

Stell dir mal vor, du müsstest jeden Tag entscheiden, mit welchem Bein du zuerst aufstehst oder was du zum Frühstück trinkst. Kaffee oder Tee? Müsli oder Joghurt? Für uns Erwachsene sind solche Entscheidungen meist Routine, aber für unsere Kleinen sind sie noch ganz neu. Ein ganzer Kleiderschrank voller Pullover und dann soll man sich für einen entscheiden? Puuh, das kann ganz schön anstrengend sein.

Zur Aufmunterung das vielleicht Wichtigste in dieser Phase: SIE! GEHT! VORBEI! (Na gut ... wir sprechen uns wieder in der Pubertät, dann geht es erst recht um Autonomie.)

Schuldfalle: Es ist nur eine Phase, aber sie macht mich wütend!

Ganz klar, so ein Wutzwerg kann Eltern an die eigenen Grenzen führen. An einigen Tag gelingt es souverän, dessen Gefühle auszuhalten, dem Kind verstehen zu geben, dass Wut und Zorn leider auch zur Palette der Gefühle gehören. Aber an anderen Tagen ... Da hilft nur viel Om oder „anderer Elternteil, bitte sofort übernehmen".

Fokus: Wie gelingt es, heil durch die Autonomiephase zu kommen? Da müsst ihr durch – aber es gibt schon ein paar Tricks, um erst gar nicht so wütend zu werden, dass man hinterher Schuldgefühle hat. Wir als Eltern möchten natürlich, dass unsere Kinder ihre eigenen Entscheidungen treffen können und dass ihr Wille beachtet wird. Gleichzeitig möchten wir sie in den Alltag einbinden. Deshalb kann es gut sein und im Alltag helfen, Kinder auch mal mitentscheiden zu lassen. Aber zu viele Entscheidungen, gerade mit so vielen Alternativen, können Kinder überfordern. Je mehr Optionen zur Verfügung stehen, desto schwerer wird es für sie, sich zu entscheiden. Und manche Entscheidungen können sie vielleicht noch gar nicht treffen.

Mögliche Lösungswege

Einbeziehen ohne Überforderung: Wenn dein Kind zum Beispiel keine Lust hat, sich die Zähne zu putzen, dann ist das keine Option. Die Zähne müssen sauber werden. Aber es kann wählen, ob es heute selbst mitputzen möchte und welchen der zwei Becher es zum Ausspülen verwendet. Es ist wichtig, dein Kind einzubeziehen, aber dabei nicht zu überfordern. Gib ihm die Möglichkeit, aus einer begrenzten Auswahl zu wählen, aber nur, wenn es wirklich eine Wahl treffen darf.

Das Positive bewusst wahrnehmen: Kannst du vielleicht einen liebevollen Blick drauf werfen, wie sehr sich dein Kind bereits bemüht hat, zu kooperieren? Es hat seine eigenen Entscheidungen getroffen und oft mitgemacht, auch wenn es nicht immer einfach war. Wenn dein Kleines beim Wickeln nicht herumzappelt, sich vielleicht sogar selbst anzieht oder dein Junior sich ohne Protest im Auto anschnallen lässt – das sind alles kleine kooperative Schritte, die unser Lob und Anerkennung verdienen.

Gerade in der Autonomiephase fällt es uns manchmal schwer, die positiven Momente zu sehen. Wir erinnern uns eher an wütende Schreianfälle und Situationen, in denen das Kind mit sich und der Welt unzufrieden war. Wie wäre es, doch mal einen Tag lang bewusst darauf zu achten, was gut gelungen ist – einfach als Versuch? Was hat heute wirklich gut geklappt? Hast du gesehen, wie sehr sich dein Kind bemüht hat? Und hast du seine Leistung in diesem Moment wertgeschätzt?

AN TAGEN WIE DIESEN ...

Es gibt diese wirklich schweren Tage, bleischwer und anstrengend. An diesen kannst du dich noch so sehr anstrengen – du fühlst dich mies, weil du nichts Gutes siehst. Nicht in die nächste Gewissensfalle tappen. Du musst nicht krampfhaft Positives sehen. Atmen. Und auf den nächsten Tag warten. Ist alles schwer? Dann drücke „Stopp" und versuche, Hilfe für dich und euch zu organisieren.

Entscheidungsfreude fördern: Wie wäre es mit der grünen Hose oder dem gelben Pullover? Birne oder Erdbeere? Du kannst es entscheiden – je nach Alter. Eine Wahl zwischen zwei Gegenständen wird deine Kleinen nicht überfordern – ein kompletter Kleiderschrank oder Spielzeugkoffer jedoch schon.

Klare Ansagen: Wenn du sagst: „Mach bitte das Kinderzimmer sauber", mag das für Dreijährige verwirrend sein. „Den Teddybär ins Bett legen, den Malstift zurück in die Dose" – das kapiert er.

Und noch ein paar Tipps zu Themen, die im Alltag besonders häufig zu Streit führen:

Kleidung: Unterhose, T-Shirt, Mütze – Tag für Tag wird es besser. Wenn dein Liebling länger braucht, aber partout keine Hilfe will, dann plane doch einfach einen kleinen (oder großen) „Puffer" in deine Morgenroutine ein.

Exkursion: Kleine Forscherinnen und Forscher lieben Ausflüge. Und Details. Die Ansage „Komm lass uns spazieren gehen" oder „Wir laufen heute zur Kita" wird wenig Begeisterung auslösen. Also nutze die Abenteuerlust – dafür musst du Zeit einplanen – und entdecke den Weg neu aus Kinderperspektive. Ist da am Wegesrand eine Nacktschnecke? Wo blühen schon Blumen? Und plötzlich ist das Laufen gar nicht so anstrengend.

Körperpflege allein: Kleines Wellnessritual fürs Gesicht mit dem Waschlappen, selbst in der Badewanne das Badewasser über den Bauch kippen oder sich eincremen – das bekommen die Kleinen schon hin.

Das kleine Einmaleins der Körperpflege: Zuerst darf dein Schatz ganz allein die Zähne putzen, dann kommst du, die Mama oder der Papa, an die Reihe. Dieser Trick funktioniert auch beim Einseifen, Gesicht waschen oder den Kekskrümel aus dem Haar zaubern. Na ja ... zumindest meistens. Bei den Zähnen solltet ihr Eltern allerdings noch bis in die Grundschulzeit nachputzen.

Für genügend Schlaf sorgen: Übermüdung und Überreizung sind häufige Auslöser für Wutanfälle. Wenn Kinder zu wenig Schlaf bekommen oder überstimuliert sind durch zu viele Aktivitäten, Lärm oder Menschen, neigen sie eher dazu, ihre Beherrschung zu verlieren.

Kommunikationsprobleme mit der „Übersetzer-Methode" überwinden: Da Kinder in der Autonomiephase ihre Gefühle und Bedürfnisse noch nicht immer klar ausdrücken können, kann dies zu Frustration und Wutausbrüchen führen, besonders wenn sie sich missverstanden fühlen. Hier kann es helfen, oft Pantomimespiele in der Familie zu spielen – denn die Kinder erleben dabei, dass jemand auch Gestik, Mimik und Stimmung der anderen „lesen“ kann und mit Sprache anderen vermittelt. In der konkreten Situation kann es eine Unterstützung für dein Kind sein, wenn du hilfst, die Gefühle zu spiegeln, und sie für dein Kind benennst. „Du ärgerst dich, weil du die Treppe noch nicht allein hochgehen kannst? Soll ich dich tragen oder an die Hand nehmen?“ Alternativen anzubieten gibt oft das Gefühl des Mitentscheidens und hilft dabei, sich zu beruhigen.

Bedürfnis nach Aufmerksamkeit rechtzeitig stillen: Kinder in diesem Alter suchen oft nach Aufmerksamkeit und Anerkennung. Wenn sie sich vernachlässigt oder nicht ausreichend beachtet fühlen, macht sie das wütend. Béa hat oft mit Carina spielerisch Prinzessin und Dienerin gespielt – durch die Übertreibung und den humorvollen Ansatz gab es eine Extraportion Zauber-Aufmerksamkeit für die Dreijährige.

AM BESTEN POSITIV FORMULIEREN

Statt Kindern zu sagen, was sie nicht dürfen, sage ihnen, was sie dürfen, zum Beispiel:

» statt „Nicht mit dem Ball drinnen spielen!“ kann ich sagen „Spiel mit dem Ball bitte draußen!“

» statt: „Nicht das Baby hauen!“ kann ich sagen: „Das Baby immer ganz sanft anfassen!“

» statt „Hört auf zu streiten!“ kann ich sagen: „Löst das bitte freundlich! Lass mal sehen ...“ – und dann mit Fragen helfen, das Problem zu lösen.

» statt „Nicht so laut!“ kann ich sagen: „Lass mal hören, wie leise du das sagen kannst, damit ich dich trotzdem verstehe!“

Haushalt und andere Familienaufgaben

Sicher gibt es Erwachsene, die wahnsinnig gern bügeln, Fenster putzen und Böden wischen. Wer so jemanden kennt, kann ihn gern bei uns vorbeischicken. Béa jedenfalls motzt beim Putzen reichlich und hofft auf eine Beschleunigung der künstlichen Intelligenz und auf die selbstreinigende Wohnung irgendwann, wenn sie alt ist. Silke lächelt. Und winkt ihrem Mann. Leider muss sie ja gerade ein Buch schreiben, da übernimmt der Hausherr den Haushalt. Also ganz klar: Wir sind auch nicht die größten Fangirls des Putzens. Aber gerade deswegen kennen wir auch hier das schlechte Gewissen.

In vielen Partnerschaften gibt es drei ewige Streitpunkte: die Ordnung, die Sauberkeit und die Zuständigkeit. Jeder hat seine eigenen Vorstellungen davon, wie oft und gründlich geputzt werden sollte. Im Zweifel muss dann leider der- oder diejenige, der es gern sauberer oder ordentlicher hätte, mehr Hand anlegen. Und ist oft genervt.

Ihr habt es nicht drauf, wie man gut putzt? Dann ist das kein Grund für ein schlechtes Gewissen, sondern ein Lernprozess, den ihr gemeinsam mit den Kindern durchlaufen könnt. Vielleicht entdeckt der eine oder andere von euch: Cool, Putzen macht doch Spaß. Oder nimm einfach ein paar neue Ideen für zu erledigende Aufgaben mit.

WICHTIGSTE REGEL FÜR DEN HAUSHALTSPUTZ

Als Erstes solltet ihr euch darauf einigen, wer wann welche Aufgaben übernimmt. Eine klare Regelung hilft euch dabei, den Überblick zu behalten und euch zu entspannen. Wenn zum Beispiel feststeht, dass freitags gesaugt wird, könnt ihr am Donnerstag etwas großzügiger sein und ein paar Krümel mehr auf dem Boden akzeptieren. Diese Aufteilung könnt ihr natürlich flexibel gestalten, je nach euren individuellen Bedürfnissen. Je älter die Kinder sind, desto aktiver könnt ihr sie einbeziehen. Ihr könnt auch einen festen Haushaltstag gemeinsam einplanen oder jedem Raum täglich 30 Minuten widmen. Wichtig ist vor allem: Machen – notfalls halt mit meckern!

Schuldfalle: Irgendwer muss hier ja sauber machen.
PAPA – steht das nicht für „Putzen-Aufräumen-Putzen-Aufräumen"? Viel zu oft ist es ein Partner, der oder die letztlich darunter leidet, dass das Zuhause nicht vorzeigefähig ist. Und ein schlechtes Gewissen hat, entweder weil es doch anders aussehen sollte oder weil es auch nicht richtig ist, wenn es mit der gemeinsamen Hausarbeit nicht klappt. Ziemliche Zwickmühle.
„Als wir noch zu zweit waren, fiel mir gar nicht auf, dass mein Mann und ich sehr unterschiedliche Vorgehensweisen beim Saubermachen haben. Ich habe das Gefühl, er macht gar nichts. Und er findet, ich mache nichts. Dabei ist er oft im Wäschekeller und ich räume die Küche auf. Wir haben uns deswegen oft gestritten und ich hatte immer das Gefühl, der Haushalt sieht so wüst aus. Klar, hier wohnen Kinder. Und Katzen. Aber ich habe ein mieses Gefühl, wenn sich die Wäsche türmt, weil kei-

ner sie nach unten trägt, oder wenn der Geschirrspüler nicht ausgeräumt wird." Heike, 34, Mutter von zwei Kindern, 5 und 9.

Fokus: Wege finden, damit der Haushalt nicht zur Last wird.

Mögliche Lösungswege

Gemeinsam anpacken: Kinder mit einbeziehen, indem du ein „Saubermach-Spiel" oder eine „Sauberkeits-Challenge" initiierst. Wer hat am schnellsten Dinge vom Fußboden in eine Kiste geräumt? Zum „Power-Aufräumen" laut Musik hören und dabei ein Zeitlimit setzen.

Im Grunde genommen können schon die Kleinsten bei allem mithelfen, was im Haushalt so anfällt. Selbst Einjährige können schon Sachen ausräumen oder, ganz groß: Socken-Memory spielen, also Socken zusammensortieren, mit zum Einkaufen gehen und sich riesig darüber freuen, wenn sie dort auch etwas aus dem Regal nehmen und in den Wagen packen dürfen. Der Spaß am Mitmachen klappt am besten, wenn dein kleiner Schatz ausgeruht und fit ist. Ist dein Kind zu müde, fällt ihm das Konzentrieren schwer. Und Ungeduld, Unaufmerksamkeit oder kleine Unfälle können schnell zu Frustration führen. Den Tagesrhythmus deines Kindes zu berücksichtigen, ist also eine gute Idee. Übt die Wege gemeinsam und erkläre dabei auch, wie genau alles funktioniert – vom Bestellen der Brötchen bis zum Bezahlen. Vergiss nicht, deinem Kind einen kleinen Beutel mitzugeben und ein kleines Portemonnaie mit ausreichend Geld.

Staubsauger-Transport: Welches Kuscheltier darf sich heute auf die Reise begeben und Mitfahrer sein? Die Tochter darf aussuchen. Und vielleicht saugt sie selbst auch einen Abschnitt.

Arbeit-Kind-Tausch: Einer putzt, der andere bespaßt den Nachwuchs. Und das im Wechsel. Es sei denn, einer möchte unbedingt die Fenster putzen.

Wegdelegieren: Du fühlst dich unwohl im ungeputzten Zuhause, hast aber einfach keine Zeit? Dann überlege, ob es die Finanzen erlauben, eine Haushaltshilfe gelegentlich zu buchen. Oder willst du lieber einen Babysitter, damit du in Ruhe putzen kannst? Das soll es auch geben.

Das sind nur Vorschläge, und du kannst natürlich die Reinigungsaufgaben nach deinen Bedürfnissen anpassen. Wichtig ist, dass ihr als Team arbeitet und euch gegenseitig unterstützt. Auf gehts, macht euer Zuhause strahlend sauber!

Essen am Familientisch

Zugegeben, „Familientisch" klingt total förmlich. Als ob wir alle in Sonntagsklamotten fein säuberlich um den Mahagonitisch sitzen und eine Tischrede halten würden. Tatsächlich ist es lediglich euer Esstisch als ein gemütlicher Ort, an dem ihr als Familie zusammenkommt, gemeinsam esst, kichert und euch das Neuste vom Tag erzählt. Dieser Tisch ist ein wundervoller Ort für gemeinsame Erinnerungen und Gespräche.

Zusammen legt ihr eure Regeln fest – wie zum Beispiel: gerade sitzen, nur nicht kleckern und immer warten, bis auch alle aufgegessen haben? Das macht heute wohl keine Familie mehr. Aber wartet ihr mit dem Essen, bis alle sitzen? Deckt ihr den Tisch gemeinsam und feiert eurer Zusammensein? Endet die Macht der Handys an der Tischkante? Ihr Eltern seid die Vorbilder und wie streng ihr feste Uhrzeiten oder eine Sitzordnung einhaltet – das entscheidet ihr gemeinsam.

Was passiert, wenn das Kleine sein Essen auf den Boden wirft? Wir lachen darüber, wischen es auf und machen weiter. Das ist der Zauber des Familientisches: Es ist ein Ort der Zurückhaltung (für Eltern), des Entdeckens (für Babys) und der Gemeinschaft (für die ganze Familie).

Wer isst was von wem?

Wenn ihr es etwas lockerer angeht, wird das gemeinsame Essen am Familientisch eine spaßige Sache, wo Schuldgefühle und schlechtes Gewissen außen vor bleiben. Ganz anders sieht es mit dem Essen selbst und mit seiner Zubereitung aus. Auch hier gibt es viele pragmatische Möglichkeiten. Entscheidet danach, worauf ihr Lust habt.

Erst mal gilt: Das Baby bleibt bei seiner Beikost und du bei deinem Steak. Mit sieben Monaten kann es noch nicht alles kauen und schon gar nicht deinen Knoblauchdip vertragen. Aber keine Angst! Schon bald sitzt es – hoch erhobenen Hauptes und mit seiner eigenen kleinen Serviette – neben dir und isst wie ein Großer.

Ab dem ersten Geburtstag kann dein Kind jetzt deinen Speiseplan übernehmen. Koch einfach für alle gleich. Für euch gibts den vollen Genuss – Nudeln mit Gemüse und was sonst noch dazugehört, während der Nachwuchs die milde Version bekommt. Na ja, mit ein paar Einschränkungen – im zweiten und dritten Lebensjahr ist das Kauen noch schwierig und Magen und Darm sind empfindlich. Also auf hartes Fleisch (zum Beispiel Gegrilltes) verzichten, auch rohes Fleisch, rohe Eier und rohe Sprossen können von Kleinkindern nicht verdaut werden. Gilt auch für starke Gewürze. Für dich schmeckt salzarm lasch und die Würze zu mild? Denk dran, dass Kinder noch viel mehr empfindliche Geschmacksknospen haben. Also ruhig für euch Große nachwürzen.

Wer bestimmt das Tempo, wann es die Kost für die Großen auch unpüriert gibt? Das Kind! Es entscheidet, wie schnell und wie viel es von der Familienmahlzeit essen möchte. Und wenn es mal keinen Hunger hat, ist es dennoch beim Essen dabei. Irgendwann packt bestimmt auch dein Kind die Neugier und es möchte probieren, was die Erwachsenen so essen.

Nicht vergessen: Viel trinken ist wichtig! Am besten sind zuckerfreie Getränke oder Wasser – ob aus der Leitung oder die stille Mineralwasser-Version. Na denn, prost: aufs gesunde Essen!

Schuldfalle: Ich hasse kochen. Was nun?

Ganz klar, genauso wie nicht alle Eltern gern putzen oder basteln, kochen auch nicht alle gern. Aber ihr Eltern müsst auch gar nicht täglich ein perfektes Dinner kochen.

„Meine Tochter isst am liebsten Nudeln ohne Soße. Ansonsten essen mein Mann und ich in der Kantine, das Kind in der Kita. Am Abend essen wir zusammen Brote. Kochen tue ich nur am Wochenende und auch das macht wenig Spaß. Dabei denke ich immer: ‚Als gute Mutter sollte ich doch mit Begeisterung für das leibliche Wohl meiner Liebsten sorgen können.' Aber eigentlich koche ich immer nur die gleichen Gerichte." Andrea, 39, ein Kind, 5 Jahre.

Fokus: Wie kann Kochen Spaß machen oder wenigstens nicht schwerfallen? Und muss man überhaupt selbst kochen?

Mögliche Lösungswege

Essensplan: Erstelle eine Wochenübersicht der geplanten Mahlzeiten. So sparst du Zeit und Energie bei der Entscheidungsfindung, was zu kochen ist. Und die ganze Familie kann mitplanen.

Online-Einkauf und Lieferdienste: Durch die Nutzung von Online-Supermärkten und Lieferdiensten lässt sich viel Zeit sparen. (Ja, das darf man!)

Regenbogen-Glitter: Kinder lieben bunte Dinge. Ein Teller voll mit buntem Gemüse kann sehr einladend wirken. Außerdem, je bunter die Mahlzeit, desto gesünder ist sie!

Experimentierfreude: Neue Nahrungsmittel werden von den Kindern oft mit Skepsis betrachtet. Dabei kann es helfen, das unbekannte Essen mit einem Lieblingsgericht zu kombinieren, um die Akzeptanz zu erhöhen.

Geheimtipp Pürieren: Wenn Nudeln kleiner püriert sind, sind manche skeptischen Esser probierfreudiger. Teste es aus! Es macht aber wenig Sinn, dem Kind Obst oder Gemüse unterzujubeln, denn so erkennt es den Geschmack des Gemüses nicht und wird es trotzdem

nicht essen wollen. Mit Pilzen bei Silkes Sohn mehrfach getestet!
Essen spielerisch gestalten: Nutze Ausstechformen für Gemüse und Obst. Wenn dir das Spaß macht! Kein Stress.
Kinder einbeziehen: Binde die Kiddies beim Kochen ein – sie können zum Beispiel Gemüse waschen oder Teig rühren. Das macht nicht nur Spaß, sondern sorgt auch dafür, dass sie ein besseres Verhältnis zum Essen aufbauen.
Wochenendkochspaß: In vielen Familien wird unter der Woche am Arbeitsplatz und in der Kita gegessen. Umso schöner, wenn alle Spaß am Kochen am Wochenende haben. Hat keiner? Dann wechselt euch trotzdem ab. Blättert durch Kochbücher, sucht Lieblingsrezepte und kocht die nach. Essen mag doch jeder. Und dann kann auch jede und jeder das kochen lernen, was alle mögen. Vielleicht backst du lieber? Dann gibt es eben Pizza oder Pfannkuchen!
Lebensmittelverkostung: Knöpft euch beispielsweise ein Gemüse vor und schaut, in welchen Varianten ihr es bekommt und auf welche unterschiedliche Weise sich das zubereiten lässt. Und was dazu passt. Bei Tomaten gibt es bereits im Supermarkt oder im Gemüseladen verschiedene Sorten. Kauft eine kleine Menge von jeder Sorte ein. Ein Regal weiter entdeckt ihr getrocknete Tomaten und Dosen mit Tomatenmark, pürierten Tomaten … Da könnt ihr auch eine kleine Auswahl mitnehmen. Vielleicht schafft ihr es, elegant um Ketchup herumzukommen, wenn nicht: Egal, der kommt auch in den Einkaufswagen.
Zu Hause könnt ihr euch bereits freuen über das viele Rot auf dem Küchentisch! Und los: waschen, und dann erst mal die verschiedenen Sorten roh probieren (ein kleines Stückchen). Wie schmeckt das? Wie schmeckt das mit Salz und Pfeffer? Und mit Kräutern? Wenn jetzt Olivenöl dazukommt, dann haben wir den Salat! Lecker? Vielleicht etwas Schalotte und Balsamico oder Zitrone dazu? Können wir Tomaten braten? Dünsten? Im Ofen backen … vielleicht mit etwas Parmesan dazu?
Wie schmeckt Tomate mit Ketchup? Oder mit Tomatenmark?

Welches Brot schmeckt am besten zur Tomate? Oder doch lieber Pasta?

Was, wenn das Kind kaum essen mag?

Bleibe geduldig und nimm die Aussagen deines Kindes nicht persönlich. Sie haben nichts mit dir zu tun, sondern sind ein Teil des (Wider-)Willens deines Kindes, der wiederum wichtig für seine Entwicklung ist.
Wenn dein Kind etwas nicht essen möchte, zwinge oder überrede es nicht. Biete eine andere Option an, etwa ein Brot.
Überlege, ob dein Kind vielleicht zu viele Zwischenmahlzeiten hatte und gar nicht hungrig ist.
Mache dir bewusst, dass auch das Ablehnen von Essen eine Phase sein kann. Viel zu schnell kann daraus ein Machtkampf werden, wenn du als Elternteil darauf bestehst, dass gegessen wird. Entspanne dich, so schnell erkrankt kein Kind an Skorbut, es geht auch phasenweise ohne Obst und Gemüse. Dann bekommt der Mini-Gourmet eben nur Nudeln ohne Soße oder einfach nur eine Kartoffel. Viele Eltern sorgen sich schnell und fürchten, dass ihr Kind krank wird, eine Mangelernährung bekommt oder gar schon eine Essstörung vorliegt, und drängen ihr Kind. Kinderärzte erklären meist, dass kleine Menschen sich holen, was sie brauchen. Und noch ein Gedanke: Beim Stillen geht es doch auch nach Bedarf. Warum nicht auch beim Essen vom Teller? Vielleicht hat dein Kind heute einfach keinen Appetit. Das ist doch auch völlig okay – das Sättigungsgefühl wird erst verlernt durch Sätze wie „Iss den Teller leer“. Vertraue deinem Kind und gib ihm die Möglichkeit, zu testen. Und die Zeiten, als es hieß: „Du hast dir so viel aufgenommen, nun iss auch leer“, sind vorbei. Woher soll denn ein Kind die Mengen einschätzen können? Auch das ist doch ein Lerneffekt. Klar ermutige es, lieber erst ein wenig zu nehmen und sich dann noch einen Nachschlag zu gönnen. Aber nicht zum Essen zwingen!

DAS SCHMECKT KOMISCH – VIELLEICHT GIBT ES GRÜNDE

Bäh! Nein, Apfel! Manche Kleinkinder lehnen sehr viele Nahrungsmittel ab. Aber das kann auch gute Gründe haben. Vielleicht verträgt es den Apfel nicht so gut. Es gibt Menschen mit einer genetischen Variante, für die schmeckt Koriander wie Seife. Für andere – und das gilt auch schon für Kleinkinder – schmecken Bitterstoffe ganz extrem bitter. Während das Baby entscheiden konnte: „Heute ist mir warm, ich habe nur wenig Hunger", wird dem Kleinkind nicht mehr zugetraut, dass es ein Gespür für die eigene Sättigung hat. Tatsächlich sind Kleinkinder hier aber sehr kompetent. Erst wenn Eltern immer wieder auffordern, doch mehr zu essen, Kinder Druck spüren oder abgelenkt werden, verlieren sie ihr natürliches Gespür. Oft ist dies auch einer der Faktoren, die zu einer Essstörung führen kann.

Was du als Elternteil dagegen tun kannst? Akzeptiere, dass dein Kind jetzt gerade satt ist. Manche Kinder sind auch sehr skeptisch, wenn neue Lebensmittel angeboten werden, überlasse es ihrer Neugier, hier zu probieren, und zwinge oder überrede nicht. Beziehe dein Kind mit ein bei der Auswahl des Essens, beim Einkauf und beim Zubereiten. Viele Kinder möchten mitentscheiden, am besten daher Essen nicht auf den Teller, sondern in einer Schüssel auf den Tisch stellen und dem Kind eine Wahlmöglichkeit geben.
Extra kochen? Nein, wenn auf dem Tisch Kartoffeln, Blumenkohl und gebratenes Hühnchen stehen, wird dein Kind mindestens eine Komponente mögen. Wenn nicht – kannst du noch ein Brot anbieten, aber eine Bestelloption wie im Restaurant ist das falsche Signal.

Stets bestens versorgt – zusammen essen für Fortgeschrittene

Essen und gemeinsames Speisen ist ein großes Thema. Denn es geht um so viel mehr als nur ums Sattwerden. Die Kinder sollen ausgewogen und gesund ernährt werden, gleichzeitig viel über nachhaltige und gesunde Lebensmittel lernen und dann, ja dann ist es auch noch wichtig, dass es allen schmeckt, die Lebensmittel nicht zu teuer sind und alle am Tisch sich so richtig wohlfühlen. Gerade Mütter fühlen sich schuldig, wenn ein Kind Probleme mit dem Essen hat, ein Gericht ablehnt oder miese Stimmung am Tisch ist. Denn da ist es wieder, dieses Bild der perfekten, glücklichen Familie, das so oft ein schlechtes Gewissen verursacht.

Schuldfalle: Fast Food ist immer ungesund.

Essen sollte doch aus guten, frischen Zutaten zubereitet werden. Gerade an Wochenenden, wenn alle Zeit haben, ist das so wichtig. Wenn ich nicht frisch koche, fühle ich mich als Versager.

„Nach einem Wochenende, das ich ganz allein mit unseren drei Wirbelwinden verbracht habe, sitzen wir am Sonntagabend alle erschöpft, aber zufrieden am Küchentisch. Als meine Frau zurückkommt, strahlt sie, weil sie sich bei einem entspannten Wochenende mit Freundinnen erholt hat. Doch dann fragt sie, was wir denn Schönes gegessen hätten. Als ich zögernd von Pizza aus Kartons, Brötchen mit Nutella und unserem Abenteuer bei McDonalds berichte, sehe ich, wie ihr Lächeln erstarrt. Die Stille, die folgt, ist laut – ich kann förmlich ihre Enttäuschung hören. In ihren Augen lese ich die unausgesprochenen Worte: ‚Hätte ich es bloß nicht getan.' Und obwohl sie nichts sagt, fühle ich mich schuldig, als hätte ich unser ungeschriebenes Gesetz gesunder Ernährung gebrochen." Lorenzo, 43, mit Marlene, 40, drei Kinder, 2, 5 und 7.

Fokus: Essen ist Gemeinschaftssache – aber was, wenn nicht jeder gern und gut kocht oder die Partner unterschiedliche Vorstellungen haben?

Mögliche Lösungswege

Der „Was haben wir gelernt?"-Moment: Nutzt die Gelegenheit, um mit den Kindern über ausgewogene Ernährung zu sprechen. Erklärt, warum es wichtig ist, nicht immer Pizza und Fast Food zu essen, und dass solche Mahlzeiten Ausnahmen sind.

Ernährungsbingo: Erstellt ein Bingospiel, bei dem jede gesunde Mahlzeit, die ihr zubereitet, ein Feld abdeckt. Wenn das Bingo voll ist, gibt es eine kleine Belohnung für die ganze Familie. Das macht Spaß und motiviert, gesünder zu essen.

Das „Motto-Wochenende": Plant das nächste Mal ein „Themen-Koch-Wochenende" mit den Kindern, bei dem Essen wie im Mittelalter auf dem Speiseplan steht. Wie haben die Ritter und Burgfräulein gegessen? Tatsächlich mit den Händen und ohne Gabeln. Macht euch gemeinsam klug. Auch Wikinger und Piraten könnten Thema sein. Oder ihr reist kulinarisch um die Welt und sucht euch Länderspezialitäten aus.

Selbst gemachte Fast-Food-Nacht: Versucht, Fast Food zu Hause nachzukochen, aber mit einem gesunden Touch. Selbst gemachte Burger oder Chicken Nuggets können genauso lecker sein und sind oft gesünder. Oder Tomatenketchup mit weniger Zucker.

Jeder anders, jeder richtig: Wenn ein Elternteil vegetarische Kost bevorzugt, warum nicht. Macht euch klug, worauf ihr da bei der Ernährung der Kinder achten müsst. Wenn der Partner trotzdem Fleisch mag, solltet ihr euren Familienspeiseplan absprechen. Und Gleiches gilt für kunstvolle und lange Zubereitung. Es kocht nicht jeder gern. Und auch das ist okay. Dann hat der Vater Pizza geholt. Woran werden sich die Kleinen später erinnern? Alle in der Familie hatten ein schönes Wochenende. Und bei Papa wurden wir auch satt.

Kinderüberraschung – es kommt manchmal anders

Silke kennt das Thema Essen noch aus anderer Perspektive: „Ich koche gern, aber die Kinder hatten erst in der Kita, dann in der Schule ihr Essen. Nur für mich allein im Homeoffice kochen? Das fiel aus. An Wochenenden war das Problem, dass die Kinder fast nichts Neues probieren wollten. Als die zwei Grundschulkinder waren, hatte ich einen Wok-Kochabend mit Freunden. Ich war begeistert. Denn genau das hatte mir gefehlt. Gesundes, knackiges Essen, das nicht so lange zubereitet werden muss. Mit den Aromen von Koriander, einem Hauch Ingwer und Zitronengras. Ich bekam Lust auf mehr davon und darauf zu experimentieren. Frisches Rindfleisch, scharf angebraten, dazu Möhren, Sojasprossen, Erbsenschoten und ein paar Pilze: Das servierte ich dann ein paar Tage später dem Nachwuchs. Und dann das zweite unerwartete Erlebnis: Sie mochten es. Alle beide! „Mama, wir probieren jetzt ganz viele Gemüsesorten aus. Und Gewürze, das ist so lecker," verkündete die Tochter. Gemeinsam fassten wir einen Essensbeschluss. Frisch auf den Tisch.

ESSEN NACH GESCHMACK

Noch ein Geheimtipp, um das leidige Genöle zu umgehen: Essen, bei dem jede und jeder sich einfach bedienen kann:

» Raclette: der Klassiker mit Kartoffeln und Käse, bei Kindern auch mit Nudeln. Wer pimpt sein Pfännchen noch mit Gemüse?
» Tacos oder Wraps: Hackfleischsoße, Käse und noch Salat, Tomaten oder Mais? Wer etwas nicht mag, lässt es weg.
» Hamburger: Gleiches Baukastenprinzip. Es können auch Walnüsse, Feigen, Bacon und ganz viele Variationen zum Einsatz kommen. Eine Scheibe Käse gefällig?
» Pizza: Jedes Familienmitglied bekommt ein Eckchen auf dem Blech zugeteilt und belegt nach Wunsch.

Wir und *die anderen*

Wir sind nicht allein. Das ist einerseits sehr schön und gut, aber andererseits ... Die Mitmenschen machen es für Eltern leider oft nicht einfacher. Ob Erwartungshaltung und Gruppendruck, sehr oft sorgt das Miteinander für Probleme. Aber auch das kann mit Gelassenheit leichter werden.

Wie schön, dass alle es besser wissen ...

Es kann die gelassenste Mutter nicht entspannt erziehen, wenn andere Menschen sich in ihre Erziehung einmischen. Na ja. Ein kleiner Kern Wahrheit steckt in diesem Spruch. Denn tatsächlich lebt ihr als Familie umgeben von anderen. Da sind die Großeltern und Urgroßeltern, Freunde und Bekannte. Die Nachbarschaft und die Kolleginnen und Kollegen. Die anderen Eltern und die pädagogischen Fachkräfte in der Kita und die alte Dame in der Schlange der Supermarktkasse. Sie alle scheinen genau zu wissen, was du falsch machst, beäugen und bewerten dich. Manchmal fühlen sich Eltern – und auch hier vor allem Mütter – ständig kritisiert, sie haben das Gefühl, sie müssten sich immer erklären. Entschuldigen und rechtfertigen, warum sie als Tochter nicht häufiger mal zu Besuch kommen, warum sie am Arbeitsplatz nicht am netten Abendumtrunk teilnehmen, zu spät zum Elternabend kommen und schon wieder vergessen haben, den Kehrdienst im Treppenhaus zu machen. Das Leben mit Mitmenschen kann zu einem Gefühl der Dauerbeobachtung und Fremdbestimmung führen.

Wenn du so ein Gefühl der Fremdbestimmtheit hast, dann höre auch hier einmal genau hin. Wer flüstert ein? Wer sind die Kritiker? Die anderen oder deine eigenen Stimmen? Wer ein schlechtes Gewissen vom Typ Kontrolleur oder Grübel-Übel hat, der hat den schärfsten inneren Kritiker immer mit dabei. Kannst du mit dem auch Kompromisse schließen? Wenn dich die Mitmenschen nerven, überlege, ob das nicht vielleicht an alten Mustern liegt, die dir kaum bewusst sind. Wer hat die angelegt? Wer sagt denn, was sein MUSS? Interessanterweise ist die innere Haltung auch eine Frage der Wortwahl: Es fällt leichter, wenn ich etwas freiwillig wähle, als wenn ich mir immer sage: „Ich muss, ich sollte ..."

Auch wenn die anderen manchmal nerven – einfach auswandern und ein neues Zuhause auf einer einsamen Insel suchen, ist auch keine Option. Denn: Es gibt ja sehr viel Positives im Miteinander.

Gemeinsame Ausflüge und Picknicke mit Freunden. Die Oma, die mit unendlicher Geduld stundenlang mit dem Enkel Plätzchen backt, und Opa, der mit der Enkeltochter so gelassen Radfahren übt. Familie kann unterstützen und eine Bereicherung sein und das gilt auch für die Wahlfamilie, also gute Freunde, bei denen du kein Blatt vor den Mund nehmen musst und auch mal laut seufzen darfst.
Einsamkeit trifft tatsächlich viele Eltern. Manche Paare haben so wenig Zeit füreinander, dass sie den Alltag aneinander vorbei organisieren. Freunde haben keine Kinder und plötzlich wenig Zeit. Umso wichtiger ist es, sich ein Netzwerk aufzubauen.

Erziehungszeit oder -urlaub?

Wisst ihr eigentlich, dass es noch gar nicht so lange her ist, dass Elternzeit Erziehungsurlaub genannt wurde? Tja, so wirklich waren das keine Monate mit Sonnenschein und Cocktails mit Schirmchen. Es hat sich schon einiges getan: Immer mehr Väter nehmen auch Elternzeit, die Einführung des Elterngeldes hat vieles erleichtert. Aber da ist noch sehr viel Luft nach oben. Denn noch immer muss sich vieles ändern, noch immer fehlen in Deutschland weit über 300.000 Kitaplätze, der Ganztag ist oft nur ein Wunschtraum und noch immer arbeitet ein Elternteil meist in Teilzeit. Sehr viele, meist Mütter, haben dadurch weniger Gehalt und später eine niedrige Rente.
Silke arbeitet nicht nur für einen großen freien Kitaträger, sie engagiert sich seit vielen Jahren für das Thema Vereinbarkeit. Seit über 20 Jahren ist sie Mutter und noch immer hat sich viel zu wenig verändert. Als Mutter im Homeoffice arbeiten? Hey, du bist doch zu Hause, kannst du nicht mal eben ... Post annehmen, Wäsche waschen und dies oder das erledigen? Das Kernproblem: Auch Fürsorge-Arbeit ist Arbeit. Der Unterschied zur Erwerbsarbeit: Care-Arbeit wird gesellschaftlich wenig wertgeschätzt und auch nicht

bezahlt. Damit diese Arbeit – nicht nur die von Eltern, auch die von pflegenden Angehörigen – mehr gesehen wird, wird, während wir dieses Buch schreiben, der Bundesverband Vereinbarkeit gegründet. Auf dem Netzwerk LinkedIn hat gerade eine Aktion endlich für erste Aufmerksamkeit gesorgt: Das Unternehmen „Unpaid Care Work" hat ganz, ganz viele Mitarbeiterinnen und Mitarbeiter. Hier haben Eltern ihre Tätigkeit geschildert. Silke beispielsweise schrieb: „Ich habe meine Position als Teamleiterin vor über 19 Jahren angetreten, die Aufgaben haben sich im Laufe der Jahre verändert, Nachtschichten sind nun nicht mehr nötig." Sichtbarkeit von Fürsorge- und Pflegeverantwortung und der daraus erworbenen Fähigkeiten und Kompetenzen ist ein wichtiges Ziel. Denn noch immer haben Eltern und vor allem Mütter das Gefühl, als Arbeitnehmerin nicht zu genügen. Sie fühlen sich schuldig, weil sie eben auch Mutter sind. Béa war da anders:

„Als ich beim ersten Bewerbungsgespräch erschienen bin (na ja, genau genommen habe ich mich nicht dafür beworben, sondern ich wurde von einem Geschäftspartner empfohlen), habe ich mir zuvor überlegt, dass ich das Thema Kind thematisieren würde. Meine Tochter Carina war zu dem Zeitpunkt Vorschülerin und im gleichen Jahr sollte sie in die erste Klasse kommen. Ich hatte mich schlaugemacht, es gab einen Hort, der bis 16:30 Uhr gehen sollte. Mit ihrem Papa, meinem Ex-Mann, war bereits ein Fifty-fifty-Modell besprochen. Ich wollte voll arbeiten. Mir war klar, dass ich nicht als Bittstellerin auftreten wollte. Ich hatte was im Gegenzug zu bieten und genau das habe ich ‚verkauft'. Ich hatte gute Noten, tolle Praktika und ich bekomme Dinge recht schnell auf die Reihe. Ich habe das so sachlich wie möglich begründet, dabei viel gelächelt, und als ich den Eindruck hatte, dass alle auch zurücklächelten, habe ich angesetzt: ‚Damit ich das alles voll entfalten kann, brauche ich Flexibilität, um mich um mein Kind zu kümmern. Dann bekommen Sie 120 Prozent Einsatz!' Das saß. Ab diesem Moment war nicht mehr die Rede von ‚ob', sondern nur ‚wie'."

In Béas Fall hat das zum Erfolg geführt. Die richtig gute Nachricht für alle Mütter (und Väter), die das Gefühl haben, dass es schwer ist, in den Arbeitsmarkt zu kommen: Der Fachkräftemangel ist da! Ihr seid kompetent, ihr habt etwas zu bieten und die Arbeitgeber brauchen euch! Ihr könnt und dürft Forderungen stellen. Macht euch nicht klein.

FIT IM BUSINESS – DANK ELTERN-SKILLS

» Budgetverantwortung: In aller Regel sinkt das Familieneinkommen mit der Geburt eines Kindes, Elternschaft zwingt zu guter Finanzplanung.

» Organisationstalent: Was ist möglich, was nicht, welche Kapazitäten habe ich, welche mein Partner? Eltern lernen sich und ihre Fähigkeiten neu kennen. Alle unter einen Hut zu bekommen und alle Termine für alle im Kopf zu haben, ist eine große Leistung, genau wie das Priorisieren.

» Führungsfähigkeit: Einfühlsame Kommunikation und Führung praktizieren Mütter und Väter täglich. Sie erziehen Kinder, leiten also Menschen an.

» Motivationstrainer: Eltern motivieren tagtäglich – aufstehen, anziehen, Zähne putzen, Hausaufgaben machen. Nur die wenigsten Kinder machen das freiwillig.

» Flexibilität: Alle Pläne umwerfen, schnell reagieren? Eltern können das, denn das Leben mit Kindern zeigt: Es kommt immer anders als geplant und Plan B sowie ein gutes Betreuungsnetzwerk sind wichtig.

» Teamfähigkeit: Gemeinsam mit dem anderen Elternteil Absprachen treffen, sich organisieren. Das klappt nur mit guter Kommunikation und gemeinsam.

Der Bundesverband Vereinbarkeit möchte Eltern hier stärken und eines der Gründungsmitglieder, die Journalistin und unsere langjährige Freundin Nicole Beste-Fopma, bringt es gut auf den Punkt. Sie hat in einem Beitrag und auf vielen Vorträgen oft erklärt: „Familienkompetenzen sind Kompetenzen, die auch im Beruf qualifizieren, denn Studien zeigen, dass Eltern eine höhere Stresstoleranz haben und produktiver arbeiten als Erwerbstätige ohne Kinder." Klingt gut und macht Mut. Denn warum werden aus Erwerbsleben und Familienarbeit eigentlich immer zwei Welten gemacht? Das, was, Elternschaft lehrt, sind wichtige Kompetenzen, auch in der Berufswelt.

Schuldfalle: Ich werde keinem gerecht, weder meinen Kindern noch meinem Arbeitgeber.

Die Einführung des Elterngeldes hat einen großen Nachteil: Die meisten Familien sind auf ein Einkommen beider Elternteile angewiesen. Und nach einem Jahr gibt es kein Elterngeld mehr. Sicher, es ist möglich, die ersten drei Jahre Erziehungszeit zu nehmen, oft nimmt ja auch der Papa noch eine Auszeit von der bezahlten Erwerbsarbeit. Oder ein zweites Kind kündigt seinen Einzug an, sodass die Auszeit länger als ursprünglich geplant ist. Aber sehr oft fangen Mütter mit dem ersten Geburtstag ihres Kindes in Deutschland wieder an zu arbeiten. Manchmal, weil sie ihre Arbeit auch wirklich lieben und sich darauf freuen, wieder einzusteigen. Aber sehr oft auch, weil die Mieten und die Lebenshaltungskosten so sind, dass eine Familie mit nur einem Gehalt damit nicht sehr weit kommt. Leider ist es nicht so, dass alle Eltern das Familien-Erwerbsmodell wählen können, das sie sich wünschen. Wer das Gefühl hat, dass der Mini noch viel zu klein für außerfamiliäre Betreuung ist, hat meist ein schlechtes Gewissen.

„Wir hatten gar keine Wahl. Mein Mann arbeitet im Finanzbereich, da ist Elternzeit bis heute nicht gern gesehen. Und ich arbeite im Personal-

bereich einer großen Versicherung. Wir brauchen mein Gehalt und ich hatte die Option, mit 30 Stunden wieder einzusteigen. Es gibt eine Betriebskita, eigentlich ganz optimale Bedingungen. Aber mir fiel der Wiedereinstieg schwer. Wenn ich am Arbeitsplatz war, war mein Kopf bei meiner einjährigen Tochter, und wenn ich am Nachmittag die Kleine hatte, gingen mir all die Dinge durch den Kopf, die am Schreibtisch liegen geblieben waren. Ganz oft habe ich dann in der Nacht zu Hause noch mal gearbeitet. Ich hatte immer das Gefühl, ich bin weder als Mutter noch als Mitarbeiterin zu hundert Prozent im Einsatz. Erst als ich durch Corona öfter im Homeoffice arbeiten konnte, ging es mir besser. Jetzt mache ich regelmäßig auch mal bewusst eine Auszeit mit meiner Tochter oder habe Tage, in denen ich mich voll auf den Job konzentriere. Eigentlich geht es leichter, seitdem ich nicht mehr immer ein schlechtes Gewissen habe.“

Amira, 41, eine Tochter, 3

Fokus: Du kannst es einfach nicht allen recht machen. Aber achte drauf, was für dich richtig ist!

Flexible Arbeitszeiten: Verhandel mit deinem Chef über flexible Arbeitszeiten. Vielleicht lässt sich der Arbeitstag so organisieren, dass du zwar die Arbeitsleistung voll bringst – aber nicht „nine to five“, sondern etwas besser angepasst an die individuellen Uhrzeiten. Béa ist es immer leichtgefallen, in den Abendstunden zu arbeiten, und konnte dafür bei ihrem damaligen Arbeitgeber SAT.1 bereits um 15:30 Uhr den Sender verlassen. Ihr wurde vertraut, dass sie alles dann zu Hause erledigt. Silke hat damals sehr bewusst die Freiberuflichkeit gewählt. Suche dir den Arbeitgeber, der dir Flexibilität ermöglicht.

Homeoffice-Optimierung: Richte dein Homeoffice so ein, dass es fast schon zu effizient ist. Es darf ruhig etwas langweilig und uninteressant für das Kind sein.

Betreuungsgemeinschaften bilden: Bilde eine Allianz mit anderen Eltern. Wenn jeder mal auf die Kinderbande aufpasst, habt ihr Zeit, euren Arbeitstag wie ein Ninja zu meistern – leise, schnell und effizient, egal, von wo ihr das erledigt.

Offene Kommunikation am Arbeitsplatz: Rede offen über deine Situation – möglichst ohne Empörung oder Selbstmitleid, sondern ganz ehrlich und objektiv berichtend über die Herausforderungen. Dabei ist sehr wichtig im Umgang mit Kinderlosen: Bittet um gegenseitiges Verständnis, um Nachfragen und Respekt vor der Leistung, die jeder erbringt – und gebt das auch den anderen. Vielleicht sind sie pflegende Angehörige oder haben andere Herausforderungen, von denen du gar nichts weißt? Die Kampfeinstellung „Ich bin Elternteil, du hast es besser" hat da keinen Platz – genauso wenig wie die Einstellung der anderen: „Du hast zu Hause eh Freizeit!"

Mentale Gesundheit: Yoga, Meditation, Achtsamkeit und Fokus für den Moment oder ein Gespräch mit einem Therapeuten können Wunder wirken. Ja, auch als Eltern könnt ihr ein Zen-Meister im Umgang mit Stress werden.

Lasst euch helfen: Babysitter, Großeltern, Nannys einspannen. Es ist gut investiertes Geld!

Béa: *„Was mir aber auch geholfen hat, war, mich nicht ‚nur' als Arbeitnehmerin zu begreifen. Ich habe die zwei Unternehmen, für die ich gearbeitet habe, ein wenig auch als ‚meine' betrachtet. Eines war eben mein ‚Familienunternehmen'. Ich wollte, dass wir erfolgreich sind, dass ich meine Sache gut mache. Ich habe keine Stunden gezählt – vor allem mit der Arbeit, die ich zu Hause machen durfte. Ich habe alles darangesetzt, gute Arbeit abzuliefern!"*

Du kannst es nie allen recht machen. Wenn du als Elternteil erwerbstätig bist und deine Arbeit sogar richtig gern machst, wird es immer kritische Stimmen geben. Denk an die Eltern-Skills. Du kannst sie tatsächlich einbringen, deine neuen Kompetenzen. Versuche, während du arbeitest, dich auf den Job zu konzentrieren, und wenn du bei den Kindern bist, auf deine Racker. Nicht leicht, aber fokussieren hilft aus der Falle „Ich kann es keinem recht machen" wirklich heraus. Du bist keine Superheldin und es ist völlig ausreichend, wenn du alles so gut machst, wie du kannst. Der Anspruch, nicht perfekt, sondern „gut genug" sein zu dürfen, gilt nicht nur in Bezug auf Erziehung, du kannst dir das auch über den Schreibtisch hängen. Perfektionismus lähmt dich nur und macht – tada! – ein schlechtes Gewissen.

Wie überflüssig das meist ist, zeigt diese Mutmachgeschichte für alle Working Moms und Dads, die viel auf Reisen sind und deswegen manchmal ein schlechtes Gewissen haben (oder gemacht bekommen), geschildert von Béas bester Freundin Topmanagement-Beraterin:

Gespräch mit meiner Tochter Finja, inzwischen 14 Jahre:

„Mama, du warst ja früher viel unterwegs."

(Logisch, Strategieberatung ...)

„Weißt du, was ich als Kindergartenkind das Beste daran fand?"

(Äh, nein. Die Geschenke, die ich immer mitgebracht habe?!)

„Also, erstens hatte ich immer den Eindruck, das macht dir Spaß."

(Yes. Jubel. Bingo. Tut es!)

„Und zweitens habe ich gedacht, du bist eine Superheldin. So was wie Elastigirl. Ich dachte, du sagst nur zur Tarnung, dass du zur Arbeit gehst. Und du bist eigentlich unterwegs, um die Welt zu retten. Das habe ich auch den anderen im Kindergarten erzählt. Die haben das auch geglaubt. Fanden wir alle cool."

(Wiebkes Fazit: „Wow. Hätte ich das mal früher gewusst!")

Fremde oder ergänzende Betreuung

„Hauptsache, das Kind ist gut aufbewahrt." Was für ein Satz ... Kinder sind doch keine Akten! Es ist schon erstaunlich, welches Image Kinderbetreuung hat: ein bisschen Spaß haben, herumalbern und ordentlich Kaffee trinken. Das machen doch Kindergärtnerinnen, oder? Genau das ist leider immer noch ein Bild, das in vielen Köpfen steckt. Oder der Begriff „Fremdbetreuung“: Klar, berufstätige Eltern öffnen am Morgen die Haustür, schieben ihr Kind raus und warten, dass irgendein Unbekannter sich schon kümmert? Nein. Eigentlich müsste es heißen: familienergänzende Betreuung, denn die pädagogischen Fachkräfte in der Kita sind heute gut ausgebildet. Kita ist kein Ort der Aufbewahrung, sondern der erste Ort der Bildung für ein Kind. Umso unverständlicher, dass die Politik hier so wenig aktiv ist: In Deutschland fehlen laut der Bertelsmann Stiftung im Jahr 2023 noch immer über 400.000 Kitaplätze – trotz eines Rechtsanspruchs. Weißt du, dass für Kindertagesstätten nicht das Bildungsministerium, sondern das Familienministerium zuständig ist? Und dass die Gebühren von Kommune zu Kommune unterschiedlich sind, genau wie die Bildungspläne für Kitas? Das ist ein Thema, das uns sehr beschäftigt. Denn darüber sollte öffentlich viel mehr debattiert werden!

Schuldfalle: Gute Mütter geben ihr Kind nicht ab.
„Seit fünf Monaten besucht mein Kind jetzt die Kita. Ich selbst bin ja als Dreijährige sehr gern in den Kindergarten gegangen und habe meine Inge geliebt. Aber oft zweifele ich, dass es für meinen Jonas auch so gut ist wie für mich. Er ist jetzt 18 Monate alt und seit einigen Monaten in einer Krippengruppe. Wenn ich ihn abhole, lacht er mich an. Aber beim Abschied weint er sehr oft, ich merke auch, dass ich es so schwer finde, dass ich so vieles verpasse in seiner Entwicklung. Er riecht oft nach dem Parfüm der Erzieherin und das finde ich ganz übel. Neulich hat er am Abend nach ihr gerufen, das fand ich wirklich komisch. Oft habe ich das Gefühl, er ist noch viel zu klein, um schon so oft weg von uns zu sein.“
Jasmin, 35, ein Sohn, 18 Monate
Fokus: Das Kind darf weinen, es zeigt uns etwas Wichtiges – und wenn dein Kind in guten Händen ist, darfst du dir Unterstützung suchen!

Mögliche Lösungswege

Die eigene Haltung überprüfen: Wenn das Kind in eine Kita geht und du weißt, dass es dort in guten Händen ist und dass genau das die richtige Lösung für euch ist – dann läuft sowieso alles glatt! Kinder sind Intuitionswesen, sie spüren, wie du dich fühlst. Wenn du spürst: „Es ist gut so. Wir schaffen das", überträgt sich das meistens auf das Kind. Lass also deine Zweifel und dein schlechtes Gewissen los, damit dein Kind nicht durch dich verunsichert wird und gute Chancen hat, sich in der neuen Umgebung mit neuen Menschen wohlzufühlen und gut anzukommen.

Kinder lernen durch Beispiele: Wenn dein Kind merkt, wie du selbst auf andere zugehst, mit Interesse, Freundlichkeit, Neugier..., wird es selbst auch so werden. Dein Kind wird auf andere Kinder in der Krippe auch meistens so zugehen. Wenn du selbst ein eher introvertierter Mensch bist – spiele auf keinen Fall Theater, das funktioniert nicht! Dann rechne damit, dass auch dein Kind eher etwas länger braucht, bis es mit anderen Kindern warm wird und gern in die Kita geht.

Abschiedsritual mit Zauberkräften: Gib deinem Kind etwas mit, das „magische Kräfte" hat und ihm den Tag über hilft. Ein kleiner Stein, ein Amulett oder ein Foto von euch – Hauptsache, es ist magisch.

Kitakumpel finden: Versuche, ein anderes Kind in der Kita zu finden, mit dem dein Kind eine Freundschaft aufbauen kann. Ein Kitakumpel kann Wunder bewirken, um die Trennungsangst zu lindern. Vielleicht hat der Freund sogar ganz nette Eltern, mit denen eine Hilfsgemeinschaft möglich ist? Tausch dich mit anderen Eltern aus, um Tipps und Tricks zu teilen. Vielleicht gibt es ja eine geheime Elterntaktik, die du noch nicht kennst.

Dramaclub für Kleinkinder: Spielt zu Hause das Kitaleben nach. Euer Kind kann die Rolle der Erzieherin übernehmen und du darfst das Kind sein. Rollenspiele helfen, Ängste abzubauen und die Realität auf eine spielerische Art zu verarbeiten. Auch mit Bilderbüchern könnt ihr über den Kita-Alltag ins Gespräch kommen. Das funktioniert auch schon bei Zweijährigen.

Superhelden-Morgenritual: Etabliert ein morgendliches Ritual, bei dem ihr euch, also du und dein Kind, als Superhelden verkleidet – mit Umhang und allem. Vielleicht hilft es deinem Kind, sich mutig genug zu fühlen, um den Tag ohne Tränen zu beginnen. Wer weiß, vielleicht wollt ihr auch im Superhelden-Outfit ins Büro?

ANTI-TIPP: TRÄNENFREIHEIT NICHT BELOHNEN

In einigen Kitas gibt es ein Belohnungssystem, für dessen Abschaffung du dich immer einsetzen solltest: Kitas, die jedes tränenfreie Abschiednehmen mit einem Stern belohnen, unterdrücken einen ehrlichen und authentischen Umgang mit Gefühlen. Bitte in so einem Fall die pädagogischen Fachkräfte, davon Abstand zu nehmen, damit die Kinder ihre Gefühle nicht unterdrücken. Traurigkeit braucht Trost und Verständnis! Tränen sind erlaubt und für Kinder oft ein wichtiges Kommunikationsmittel.

Rückfälle nicht überbewerten: Sehr oft sind Kleinkinder auch ambivalent. Traurig, dass Mama (oder Papa) nun geht, aber trotzdem fröhlich in der Kita. Am Anfang ist alles neu und aufregend, manchmal haben Kinder auch nach einer erfolgreichen Eingewöhnung noch einmal einen Rückfall. Das ist ein wenig so wie bei Erwachsenen. Ein neuer Job? Oh, wie aufregend! In den ersten Wochen stehst du immer unter Strom, so viel Informationen, neue Gesichter, Eindrücke und Aufgaben. Irgendwann lässt die Anspannung nach und der Alltag tritt ein. Dann ist die Aufregung weg und du bemerkst auch Aspekte, die dich nerven. So ähnlich geht es Kindern auch. Ist

ein Kind wirklich sehr verändert nach der Kita, zieht sich auffällig zurück, dann halte Rücksprache: Wie beurteilen die Erzieherinnen die Situation? Hat das Kind eventuell Kummer?
Loslassen lernen: Das Loslassen ist eine der größten Elternherausforderungen – und ja, das ist nicht einfach. Plötzlich ist die Erzieherin oder später die Klassenlehrerin die Heldin im Kinderzimmer, deren Wort Gesetz ist. Dein Kind erlebt Dinge, von denen du nichts weißt, und davon immer mehr. Wichtig ist: Schau nicht auf das, was du verpasst, sondern auf die Vorteile. Außerdem: Bleib im engen Kontakt, denn das schafft gemeinsame Erzählzeit. Wie war Mamas Tag am Arbeitsplatz? Was hat Papa heute zu Hause gemacht? Was war los im Kindergarten?

Die liebe Familie – große Erwartungen

Meine Familie und ich – das ist ein großes Thema. Eines mit einer langen Vergangenheit. Heute bist du erwachsen, aber dein aktuelles Verhältnis zu deinen Eltern ist selbstverständlich durch deine Kindheit geprägt. Wie war denn der Alltag deiner Eltern und wie waren deine ersten Jahre? Waren dir deine Eltern nah? Waren sie Vorbilder für deine Erziehung? Oder möchtest du vieles ganz, ganz anders machen? Auch wenn eure Bindung in den ersten Jahren eng war, kann es sein, dass ihr euch über Entfernungen oder Lebensentscheidungen entfremdet habt ... auch nicht einfach.
Dann kommen noch deine Geschwister mit ins Bild und andere Verwandte. Nicht zu vergessen die Verwandtschaft deines Partners. Kennen sich eure Familien? Kommen sie miteinander klar? Manchmal kann es hier richtig Stress geben, weil sich zwei Großmütter ungleich behandelt fühlen. Bei wem ist das Enkelchen häufiger? Wer macht die besseren Geschenke? Noch schwieriger wird es, wenn nicht nur Entfernungen, sondern auch unterschiedliche Kulturkreise und auch sehr unterschiedliche Erwartungen und Wünsche aufeinanderstoßen.

Wie hast du als Kind deine eigenen Großeltern erlebt? Wie ging es deinem Partner oder deiner Partnerin? Was wünscht ihr euch von euren Eltern als Unterstützung, wie wäre der ideale Umgang mit den Enkeln? Habt ihr das Gefühl, dass sie sich viel zu sehr einmischen? Dann solltet ihr das als Warnzeichen sehen. Denn IHR bestimmt die Regeln eurer Familie. Sprecht euch als Paar ab. Schon in der Schwangerschaft merkt ihr, dass einige Großeltern in ihrer Freude auch schnell übergriffig werden und Grenzen überschreiten. Aber ihr seid nun auch Erwachsene!

Schuldfalle: Muss ich für eine gute Beziehung von Großeltern und Kind sorgen, auch wenn ich mich mies fühle?

Während nur wenige Eltern hohe Ansprüche an die Onkel und Tanten des Kindes stellen, ist das bei Großeltern anders. Es gibt Mütter und Väter, die sehr auf die Unterstützung ihrer eigenen Eltern zählen und die sich über engen Kontakt freuen. Es gibt aber auch Omas und Opas, die sich eine ganz aktive Rolle in der Kindererziehung wünschen, was aber von den Eltern des Kindes skeptisch gesehen wird. Fast alle Eltern wünschen sich Kontakt zwischen den eigenen Eltern und Ihren Kindern. Aber oft ist das schwierig und auch darin liegt viel Potenzial für ein schlechtes Gewissen. Fehlt dem Kind nicht etwas, wenn es keinen Kontakt zu seinen Großeltern hat? Darf man den eigenen Eltern Grenzen aufzeigen? Was tun, wenn es kaum möglich scheint, aus Sicht der Großeltern eine gute Tochter und eine gute Mutter zu sein?

„Eigentlich müsste ich schreiben: Meine Schwiegereltern kommen aus einem anderen Kulturkreis, das ist das Problem. Vermutlich wäre es sogar einfacher, wenn sie aus einem anderen Land kämen. Aber sie kommen auch aus Berlin. Mein Mann ist mit fünf Geschwistern aufgewachsen, sein Vater hat bei der Post gearbeitet, seine Mutter war Hausfrau. Schulische Bildung spielte keine Rolle und beide haben echt hart gearbeitet. Ich bin Einzelkind, in einem großen Haus aufgewachsen, meine Eltern

sind beide Lehrer. Ehrlich gesagt habe ich oft das Gefühl, dass unsere Eltern nicht die gleiche Sprache sprechen. Schon bei unserer Hochzeit war das ein Problem. Schwiegermutter war alles zu überkandidelt, meine Mutter erklärte, die neue Verwandtschaft wäre total schlicht und könne bei RTL2 auftreten. Vollkatastrophe.
Beide Omas behandeln unsere Tochter sehr, sehr unterschiedlich. Bei meiner Mutter bekommt sie ganz viele Geschenke, wird mit ins Kindertheater genommen und ihr werden Bücher vorgelesen. Meine Schwiegermutter backt und kocht gern, aber mehr unternimmt sie mit ihrer Enkelin nicht. Sie kommt auch gern mal ohne Ankündigung, meine eigenen Eltern arbeiten noch und leben in einer anderen Stadt. Ich freue mich, dass meine Schwiegermutter gern mal auf die Kinder aufpasst. Aber ich merke, dass es mich sehr stört, dass sie nicht versteht, dass wir bindungsorientiert erziehen. Ein Klaps habe noch keinem geschadet, sagt sie gern, und ich fürchte, dass sie meine Tochter auch mal schlägt. Mein Mann sagt, sie wäre ja heute entspannter und bei sechs Kindern war das eben damals so. Ich habe aber echt Angst, dass sie meine Regeln nicht einhält. Wenn ich sie mit meinem Kind allein lasse, habe ich oft ein schlechtes Gefühl. Aber nur deswegen kann ich ja auch den Kontakt nicht verhindern: Das möchte mein Mann nicht und die Kleine soll ja auch diese Großeltern kennenlernen. Vielleicht verstehe ich sie auch einfach nicht gut genug." Jana, 36, eine Tochter, 2 Jahre
Fokus: Zwischen Akzeptanz und Grenzen setzen – und Unterschiede akzeptieren, wenn es geht. Die Verantwortung tragen die Eltern, aber die Leistung der Großeltern darf und kann anerkannt werden, auch wenn sie anders sind.

Mögliche Lösungswege

Mehr Zeit und Gelassenheit: Mehr Süßigkeiten und viel lauter Krach machen dürfen? Mit Opa backen und mit Oma stundenlang den Wald erforschen – kleine Kinder lieben es, dass Großeltern weniger gehetzt sind und andere Grenzen setzen.

Mein Kind, meine Regeln: Definiert einmal klipp und klar, wo eure No-Gos sind – als Erziehungsberechtigte: Beispielsweise keine körperliche oder psychische Gewalt, kein Zwingen zum Essen ... Das braucht einen klaren Pakt! Ansonsten verstehen Kinder schon, dass unterschiedliche Orte unterschiedliche Regeln haben. Aber ihr als Eltern habt das letzte Wort! Besprecht mit euren Eltern und Schwiegereltern Erwartungen und Wünsche. Ein kleiner Keks mehr ist sicher kein Thema, wird sich aber zu sehr in die Erziehung eingemischt, muss das angesprochen werden.

Erwartungen ansprechen: Werden Großeltern fest für die Betreuung eingeplant, dürfen sie auch selbst um Unterstützung bitten. Wichtig ist der offene Austausch. Das gilt auch für gemeinsame Reisen. Soll alles gemeinsam unternommen werden oder sind die Großeltern Babysitter?

Erziehungsaustausch: Lasst euch Fotos zeigen und von früher berichten. Der Kinderladen war gar nicht antiautoritär, sondern repressionsarm? Was genau soll bindungsorientiert bedeuten? Tauscht euch über Ideen von damals und heute aus. Vielleicht war ja gar nicht alles falsch in den 1980er-Jahren, als ihr Kind wart? Was haben sich die Eltern damals gedacht, was würden sie heute anders machen? Was fällt ihnen bei euch auf? So könnt ihr auch gegenseitig offene Kritik sensibel vorbringen und in den Austausch gehen.

Spontanbesuch-Alarm: Du findest spontane Besuche schlimm, aber in der Schwiegerfamilie ist das üblich? Dann sprich das mit deinem Partner ab. Bitte darum, vorher anzurufen, ob es passt. Von einem Besuch, über den alle sich freuen, haben alle mehr.

Kulturelle Tauschtage: Richtet spezielle Tage ein, an denen jeder die Kultur des anderen zelebriert – inklusive Erziehungsstile. Vielleicht lernt ihr dabei sogar etwas Neues, zum Beispiel, dass Kinder in manchen Kulturen tatsächlich um 19 Uhr ins Bett gehen.

Das Rollentausch-Dinner: Veranstaltet ein Abendessen, bei dem ihr die Rollen tauscht. Ihr schlüpft in die Rolle eurer Schwiegereltern und umgekehrt. So könnt ihr auf spielerische Weise zeigen, wie sich ihre Ratschläge aus eurer Perspektive anfühlen – und umgekehrt. Vielleicht versteht man sich danach besser.

Nicht vergleichen: Auch ihr Eltern seid Kinder – und manchmal ist es befremdlich, wenn die eigenen Eltern, die vielleicht früher streng waren, heute gelassen und lockerer sind. Aber das hat oft gute Gründe: Enkelkinder fahren meist wieder weg, Konsequenz ist daher oft nicht so wichtig. Und auch die eigenen Eltern hatten früher Alltag mit Job und Kind zu regeln. Das ist jetzt anders. Trotzdem: Sei hier aufmerksam, wenn du merkst, dass du dich ungerecht behandelt fühlst.

FERNBEZIEHUNG ZU OMA UND OPA

Auch wenn die Großeltern weit entfernt wohnen, könnt ihr deren Beziehung zu den Enkeln fördern:

» **Langbesuch:** Ladet die Großeltern ein, ein paar Tage zu bleiben. So können sie mehr an Routine und Alltag teilhaben.

» **Videotelefonie:** Oma und Opa können mit dem Kind sprechen und alle sehen sich dabei. Gerade für Sprechanfänger ideal!

» **Schneckenpost:** Kleine Geschenke, Fotobücher oder Postkarten mit Lieblingsmotiven versenden. Ein voller Briefkasten ist so selten.

» **Kontaktpflege:** Wer selbst einen guten Kontakt zu den eigenen Eltern hat, kann leichter sagen: „Wir sind eine Familie und Oma und Opa haben wir lieb – auch wenn sie woanders wohnen."

» **Authentisch bleiben:** Bitte lügt den Nachwuchs nicht an: Ist die Beziehung kompliziert, ermöglicht den Kontakt – wenn er guttut.

Ein Kind ist kein Kind – Geschwister

Auch das ist Familie – wenn die eigene Familie wächst. Mit dem zweiten Kind werden blöderweise die Schuldgefühle nicht weniger. Nur anders. Einiges wird mit mehr elterlicher Erfahrung einfacher. Beim ersten Baby schiebt man noch Panik, wenn der Winzling Schnupfen hat, beim zweiten weiß man, was zu tun ist. Beim dritten fällt der Schnupfen gar nicht auf …

Silkes Kinder haben einen Altersunterschied von 20 Monaten:

„Beide waren Wunschkinder. Und wir waren auch sicher, dass wir ein zweites Kind möchten. Aber dass ich wirklich schon vor dem ersten Geburtstag meiner Tochter wieder schwanger war? Damit hatte ich nicht gerechnet. Ich habe mir in der Schwangerschaft viele Sorgen gemacht. Wie sollte ich denn stillen und ein Kleinkind beschäftigen? Damals bei Lina musste alles immer ruhig sein, sonst trank sie nicht. Und wie sollte das Baby schlafen, wenn das Nachteulchen durch die Gegend tobt? Dann kam mein Sohn Lasse und der war ein sehr entspannter Säugling. Hatte er Hunger oder Durst, trank er, da hätten auch Bäume umfallen können. Seine große Schwester hat ihn nie gestört und auch das Kleinkind wachte tatsächlich nicht durch das Baby auf. Glück gehabt.“

Wie so vieles lässt sich ein Altersunterschied nicht wirklich planen. Werden sich die Geschwister gut verstehen? Auch das ist nicht vorhersehbar. Allerdings ist es hilfreich, euch und das große Kind auf das Geschwisterchen, so gut es geht, einzustellen.

VORBEREITUNG: EIN GESCHWISTERCHEN KOMMT!

» Altersgerechte Bilderbücher zeigen, wie das Baby im Bauch wächst, und bereiten auf das Leben mit dem Geschwisterchen vor.
» Versprecht nicht zu viel. Es kommt kein fertiger Spielkamerad auf die Welt, sondern ein hilfloses Baby, das am Anfang noch wenig kann.
» Plant rechtzeitig, wer sich um das große Kind während der Geburt kümmert – das erspart eine Menge Stress.
» Ist das Baby da, möglichst viele bekannte Rituale unbedingt beibehalten. Sie geben Sicherheit und zeigen, dass sich eben nicht alles verändert hat.
» Bezieht das große Kind mit ein – darf es einen Namen aussuchen?
» Wo schläft das Baby? Im Familienbett? Im Beistellbett bei Mama und Papa? Und das große Kind? Bereite es auf eine eventuell neue Schlafsituation vor.
» Reserviere exklusive Zeitinseln für das Große – mit beiden Elternteilen.
» Vielen Kindern hilft es, wenn sie ganz normal weiter in den Kindergarten gehen, auch wenn der Vater Urlaub hat – die dortigen bekannten Strukturen geben ihm Halt und zeigen, dass sich nicht alles verändert.
» Dem großen Kind die Privilegien aufzuzeigen, die es als großes Kind hat, gibt ihm Selbstvertrauen und hilft zu akzeptieren, dass die Eltern dem Baby besondere Aufmerksamkeit widmen müssen.

Schuldfalle: Wie soll ich nur zwei Kindern gerecht werden?

Silke: *„Ich habe mich oft gefragt, wie ich beiden Kindern gerecht werden kann. Wie kann man als Elternteil unterschiedlichen Bedürfnissen und unterschiedlichen Persönlichkeiten gerecht werden? Wie Geschwisterkonflikte vermeiden? Tatsächlich haben beide Kinder gern miteinander gespielt. Jedenfalls bis zum Streit. Manchmal musste ich schlichten, manchmal nicht. Der Vorteil des geringen Altersunterschieds: Jedes Kind musste mal zurückstecken. Aber das schlechte Gewissen, nicht immer beiden gleichzeitig gerecht werden zu können, das bleibt. Zum Beispiel, wenn beide wichtige Schulveranstaltungen gleichzeitig haben oder Turniere …"*

Fokus: Geschwisterkonstellationen können viele Konflikte bringen. Für Eltern ist das oft sehr schwierig – aber mit Kreativität kommt ihr weiter. Beachtet dabei: Jeder ist anders, jeder ist richtig – auch bei Streit.

Mögliche Lösungswege

Praktische Organisation: Eine gute Organisation ist der Schlüssel, um den Bedürfnissen beider Kinder gerecht zu werden. Jedes Kind sollte auch Exklusivzeit mit beiden Elternteilen haben.

Qualität vor Quantität: Es ist zwar wichtig, jedem Kind Zeit und Aufmerksamkeit zu widmen, aber es ist nicht immer möglich, jedem Kind die gleiche Menge an Zeit zu geben. Setze stattdessen auf Qualität und schaffe besondere Momente mit jedem Kind. Nimm dir bewusst Zeit für Gespräche, gemeinsame Aktivitäten oder einfach nur zum Zuhören und unterstützen. Kinder brauchen keine Gleichbehandlung, sondern jedes von ihnen braucht eine individuell richtige Behandlung.

Rollenwechsel-Spiele: Ermögliche den Kindern, in die Rolle des anderen zu schlüpfen. Bei diesem Rollentausch können sie Aufgaben oder Aktivitäten des anderen übernehmen. Das fördert nicht nur das Verständnis füreinander, sondern bringt auch eine Menge Spaß und neue Perspektiven.

Gemeinsame Projekte mit individuellen Aufgaben: Starte ein Familienprojekt, bei dem jedes Kind nach seinen Fähigkeiten und Interessen etwas beitragen kann. Beispielsweise ein Gärtnerprojekt, bei dem eines der Kinder für eine bestimmte Pflanze zuständig ist. Habt ihr einen Garten, kann jedes ein eigenes Beet bekommen, oder einen Topf auf der Fensterbank. So fühlt sich jedes Kind wertgeschätzt und beteiligt.

Abwechselnde Special Days: Führe „Special Days" ein, an denen nur ein Kind entscheiden darf, was die Familie unternimmt. An diesem Tag ist das ausgewählte Kind der „Boss" und seine Wünsche stehen im Vordergrund, während das andere Kind lernt, Kompromisse zu schließen und sich auf den nächsten eigenen „Special Day" zu freuen.

Geschichtenbaukasten: Beziehe alle Kinder in ein kreatives Schreibprojekt ein. Jedes Kind trägt abwechselnd einen Satz zur Geschichte bei. Das fördert die Kreativität und das Zuhören und gibt den Kindern die Möglichkeit, gleichberechtigt zu partizipieren.

„Ich lerne von dir"-Stunden: Gib jedem Kind regelmäßig die Chance, dem anderen etwas beizubringen, was es gut kann. Das kann ein Spiel, eine sportliche Fähigkeit oder ein Wissensthema sein. Dadurch erkennt jedes Kind den Wert des anderen und das stärkt die Geschwisterbeziehung.

Familien-Tagebuch: Führt ein Tagebuch, in das abwechselnd jedes Kind und auch die Eltern Einträge machen. Dies kann ein Ort für Gedanken, Zeichnungen oder Geschichten sein. Er bietet einen Einblick in die Gedankenwelt der anderen und zeigt, dass jedes Familienmitglied wichtig ist.

Vergleiche mit anderen Eltern

Ein Tag am Spielplatz. Silke erinnert sich noch viel zu gut an solche Tage. Der Sonntag fing zu früh und doof an. Also raus, das half manchmal. Und dann waren sie da ... die anderen Mütter aus den feinen, großen Häusern des Hamburger Vororts. Gestylt, geschminkt, mit hohen Hacken an der Sandkiste. Nix Muddi-Schlabberlook. Sie hatten Tupperdosen mit unterschiedlichen Snacks, wirkten tiefenentspannt, kannten sich alle und die Namen ihrer wunderhübschen artigen Kinder. Fast so perfekt wie heute die Über-Eltern auf Instagram. Wieso schlafen die nie schlecht, haben keine Spuckflecken auf der Kleidung und immer aufgeräumte vanillefarbene Wohnungen mit perfekten Gatten und Turbo-Jobs?

Schuldfalle: Wieso sind alle so toll, nur ich nicht?

„Guck mal, Petra hat ja schon ihre Hausaufgaben fertig.‘ Schon als ich ein Kind war, wurde ich mit den anderen verglichen. Die Nachbarstochter lernte schneller Radfahren, konnte besser Mathe und hatte längere Haare. Als Teenager zog ich erst recht immer den Kürzeren. Und das hat nie ganz aufgehört. Ich habe den Eindruck, dass es unter Müttern einen Wettbewerb gibt. Aber ich schaffe es einfach nicht, für das Kita-Sommerfest auch noch einen beeindruckenden Kuchen zu backen. Ich habe da aufgegeben, aber manchmal erwische ich mich noch bei den Vergleichen.“ Klara, 31, eine Tochter, 5

Fokus: Sich selbst mit anderen vergleichen? Tut meist gar nicht gut und oft kannst du ja auch gar nicht „hinter die Kulissen“ blicken. Wie gelingt der Blick zurück zu dir selbst?

Mögliche Lösungswege

Perfektionsdetektiv sein: Stimmt das so? Was für ein Leben führen die anderen wirklich?

Sandkasten-Satire-Club: Bilde einen informellen Club mit anderen Eltern, um über die Absurditäten und Herausforderungen des

Elternseins zu lachen. Trefft euch am Sandkasten und tauscht Geschichten aus, die das wahre (und oft chaotische) Leben widerspiegeln.

Tagebuch der absurden Momente: Führe ein Tagebuch, in dem du die lustigsten und absurdesten Momente des Tages festhältst. Dies hilft, die Leichtigkeit in herausfordernden Situationen zu finden. Du kannst das dann auch in Social Media teilen ... die anderen werden das bestimmt auch erleichtert entgegennehmen.

Anderen helfen: Klingt jetzt moralisch, ist aber hilfreich: Hilf einem Menschen, dem es richtig schlecht geht, ein kleines bisschen. Das tut jemand anderem gut und rüttelt dich auf, denn es hilft, den eigenen Fokus wiederzufinden.

Mach dir klar: Wer wirklich „perfekt" ist, will gar nicht, dass du auch perfekt bist ... dann bist du eine Konkurrenz.

Erste Kinderfreundschaften

Manche Sandkastenfreundschaften halten ein Leben lang. Kleinkinder spielen zwar oft noch mehr neben- als miteinander, aber Kinder lieben andere Kinder. Mit etwa drei Jahren fangen die ersten Freundschaften an, meist durch gemeinsames Spiel. Wenn Kinder miteinander spielen, entstehen Beziehungen, die wichtig für die soziale Entwicklung sind. Im gemeinsamen Spiel lernen Kinder, erste Konflikte zu lösen, einander zu helfen und sich auszutauschen. Mit Gleichaltrigen sind sie auf Augenhöhe und gemeinsam lernen macht viel mehr Spaß. Kinder entwickeln schon sehr früh ein Verständnis für Empathie und Fairness. Mit jedem Spiel lernen sie mehr über Rücksichtnahme und den Umgang mit anderen.

Schuldfalle: Gute Eltern organisieren Verabredungen. Mich nervt es.

Einfach vor die Haustür und dort am Nachmittag mit anderen Kindern spielen? Das geht heute nicht mehr. Kinder sind lange in der

Kita oder später in der Ganztagsbetreuung, im Sportverein oder beim Musikunterricht. Einfach so auf der Straße wird kaum noch gespielt. Also müssen Eltern die Freundschaften organisieren?

„Jede Verabredung meines Kindes nervt mich. Ich muss mit den anderen Müttern Kaffee trinken, Kuchen backen und eigentlich dachte ich, ich gebe mein Kind ab und fahre nach Hause. Umgekehrt erwarten die anderen Kita-Mütter auch, dass ich sie betreue. Unsere Kinder sind jetzt vier Jahre alt. Hört das wieder auf?" Carola, 35, eine Tochter, 4

Fokus: Volle Terminkalender – und trotzdem noch Verabredungen des Kindes mit den Freunden treffen – gar nicht leicht, denn die anderen Eltern sind ja auch verplant. Wie kann die Verabredungslogistik weniger nerven?

Mögliche Lösungswege

Allein geht langsam auch: Vielleicht geht es den anderen Müttern auch so? Wenn die Kinder die Umgebung und die andere Familie nun kennen, ist es einen Versuch wert, auch ohne Eltern eine Verabredung zu treffen. Jemand muss den Anfang machen. Die meisten Eltern haben irgendwann keine Lust mehr auf diesen „Höflichkeitskaffee". Verabrede mit anderen Familien, direkt nach dem Kindergarten den Freund oder die Freundin mitzunehmen. Und nächste Woche hat dann dein Kind ein Date und du hast mehr freie Zeit.

Retro-Verabredung: Starte einen Trend zurück zu den 1980ern und 90ern, als spielen mit anderen Kindern einfach hieß, vor die Tür zu gehen und zu sehen, wer da ist. Schlag vor, sich in einem Park oder auf einem Spielplatz zu treffen, ohne großes Programm. „Retro" ist bekanntlich wieder in!

Heute Gast, morgen Gastgeber: Erstelle eine Art „Verabredungs-Rotationssystem", bei dem jede Familie einmal im Monat Gastgeber ist. So verteilt sich der Aufwand und niemand fühlt sich überfordert.

Entspannte Eltern-Lounge: Statt für die Eltern ein großes Programm zu bieten, richtet einfach ein paar Stühle und eine Kaffeekanne ein. So können sich die Eltern entspannt unterhalten, während die Kinder spielen.

Unperfekte Verabredung: Promotet die Idee, dass Verabredungen zum Spielen nicht perfekt sein müssen. Es geht um den Spaß und das Zusammensein, nicht um die perfekte Deko oder das aufwendige Programm.

Fragt ältere Menschen nach einfachen Aktivitäten von früher: Wer kennt Aktivitäten wie Kreidekästchen-Hüpfen auf dem Gehweg, Seifenblasen oder gemeinsames Murmel-Spielen? Erinnert ihr euch an Gummitwist? Diese Dinge machen genauso viel Spaß und benötigen kaum Vorbereitung.

SPIELZEUGTAUSCH

Statt jedes Mal neue Spiele oder Spielzeuge zu kaufen, organisiert einen Spielzeugtausch unter den Kindern. Jedes Kind bringt ein Spielzeug mit, das es nicht mehr nutzt, und tauscht es gegen ein anderes.

Dein Kind nervt – die Kritik der anderen

Nicht nur Vergleiche sind anstrengend. Auch ungefragte Kritik. Die wunderbare Alu Kitzerow hat auf ihrem Blog „Grossekoepfe“ einmal einen Beitrag geschrieben, der Tränen in die Augen treibt. „Mein Kind, das Arschlochkind“, große Leseempfehlung. Was, wenn alle ständig das eigene Kind bemängeln? Man das Elternteil des auffälligen Kindes ist, das zu wild, zu schüchtern, zu anders ist? Das andere Kinder eventuell ärgert. Gar nicht einfach. Denn sofort meldet sich das schlechte Gewissen.

Schuldfalle: Habe ich mein Kind nicht im Griff?

„In der Kita werde ich so oft auf meinen Sohn angesprochen. Er kann Konflikte noch sehr schlecht lösen und wird dann aggressiv und haut und beißt andere Kinder. Die Erzieherin meint, wir würden nicht genug Grenzen setzen. Die anderen Eltern möchten nicht mehr, dass sich unser Kind mit ihren verabredet. Ich frage mich schon, ob wir alles falsch machen." Marion, 34, ein Sohn, 5

Fokus: In aller Liebe Selbstregulation lernen. Denk daran, dass jedes Kind einzigartig ist und unterschiedlich auf verschiedene Ansätze reagiert. Es kann nötig sein, verschiedene Strategien auszuprobieren, um herauszufinden, was für dein Kind am besten funktioniert.

Mögliche Lösungswege

Das Gefühlsthermometer: Bastelt zusammen ein „Gefühlsthermometer", auf dem dein Kind anzeigen kann, wie es sich fühlt. Das hilft, Emotionen zu erkennen und zu benennen, bevor es zu Ausbrüchen kommt.

Das „Verstehe deine Emotionen"-Spiel: Erfinde ein Spiel, bei dem du – und vielleicht auch weitere Mitspieler – verschiedene Emotionen darstellst und dein Kind erraten muss, um welche es sich handelt. Das hilft, Empathie und Verständnis für Gefühle zu entwickeln.

Rollenspiele zu Hause: Spielt Situationen nach, in denen Konflikte auftreten, und übt gemeinsam, wie man friedlich reagieren kann. Rollenspiele helfen Kindern zu lernen, wie sie in verschiedenen Situationen besser reagieren können.

Gemeinsame „Cool-down"-Ecke: Richte eine ruhige Ecke in der Wohnung ein, wo sich dein Kind hinsetzen und beruhigen kann, wenn es aufgebracht ist. Diese Ecke kann mit beruhigenden Spielzeugen, Büchern oder weichen Kissen ausgestattet sein.

Gemeinsame Entspannungsübungen: Übt zusammen Atemübungen oder leichte Yoga-Positionen, um zu lernen, sich in angespann-

ten Momenten zu beruhigen. Das kann auch für euch als Eltern hilfreich sein.
Klare und widerspruchsfreie Grenzen: Setzt klare Regeln und Konsequenzen für aggressives Verhalten. Kinder brauchen Grenzen, um zu lernen, was akzeptables Verhalten ist.
„Geheimagenten-Mission“: Wenn das Kind etwas älter ist, mach das friedliche Verhalten zu einer spannenden Mission für dein Kind. Erkläre ihm, dass es jetzt ein „Friedensagent“ ist, dessen Aufgabe es ist, Freundlichkeit und gute Manieren zu verbreiten. Für jede Mission (also für jeden Tag ohne Zwischenfälle) gibt es eine kleine Belohnung.
Kritik annehmen: Es ist auch wichtig, zu sehen, dass die anderen vielleicht dein Kind gar nicht bösartig kritisieren, sondern dass sein Verhalten wirklich anders und auffällig ist. Mit der liebevollen Elternbrille ist das manchmal schwer zu erkennen. Aber es gibt auch Kinder, die besondere Unterstützung brauchen, etwa weil sie neurodivergent sind, also ADHS oder Autismus haben. Hier kann eine Diagnose sehr wichtig sein, denn dann braucht dein Kind zusätzliche Unterstützung.

Netzwerk – die große Entlastung? Mit Abstrichen

Wenn deine Kinder in die Kita oder in die Schule kommen, ergeht es dir mit den Miteltern genauso wie den Kindern in der neuen Kindergruppe. Ihr seid plötzlich Teil einer Elterngemeinschaft. Vielleicht gibt es Mütter und Väter, die ihr vom Sehen kennt, weil sie in der Nachbarschaft wohnen. Aber das heißt noch lange nicht, dass ihr euch ... ähm ... mögt? Wertschätzt? Unterstützt? Ein bisschen von allem? Aber ihr werdet die nächsten Jahre als Zweckgemeinschaft verbringen. Mit Netzwerk meinen wir aber nicht diese Zwangsgemeinschaft, in der es ja auch nette Miteltern geben kann. Sondern wir meinen Menschen, mit denen ihr euch gern zusammentut. Wir sprechen von Gleichgesinnten, Eltern, mit denen ihr euch austauschen und gegenseitig unterstützen könnt. So ein wenig wie mit Arbeitskollegen: Da gibt es nervige, andere, mit denen es sich gut arbeiten lässt, und Herzensmenschen, mit denen du gern Zeit verbringst und die dich noch lange begleiten, auch wenn ihr längst beruflich unterschiedliche Wege geht.

Schuldfalle: Ich fühle mich oft einsam mit Kind.

„Als Vater in Elternzeit habe ich es echt schwer. Am Spielplatz stehen nur Mütter. Ich überlege, ob ich im Internet nach anderen Papas suchen soll. Denn mir fehlt einfach ein Austausch. Manchmal merke ich, dass ich dann auch ungeduldig mit den Kindern werde, und fühle mich mies."
Ole, 28, zwei Kinder, 1 und 5

Fokus: Versuche, Austausch mit Gleichgesinnten zu finden. Hier haben es Väter vielleicht schwerer, aber auch Mütter, etwa wenn sie die einzigen unter 30 sind, haben es nicht immer einfach.

Mögliche Lösungswege

Habe erst einmal Geduld mit dir selbst! Akzeptiere, dass Ungeduld manchmal vorkommt und dass du nicht allein damit bist. Jeder Elternteil erlebt solche Momente. Wichtig ist, sich selbst zu vergeben und aus jedem Tag zu lernen.

Gruppen im Internet: Das Internet bietet eine Fülle von Foren und Social-Media-Gruppen für Väter, junge und alte Eltern, Zwillingseltern oder Alleinerziehende. Spezielle Apps für Eltern können dir helfen, lokale Gruppen zu finden, wo du dich mit anderen Gleichgesinnten zum Spielen verabreden kannst.

Spielplatz-Initiative starten: Du könntest am Spielplatz eine Initiative starten, indem du ein kleines Schild mit einer Einladung für andere Väter oder Alleinerziehende erstellst, sich zu bestimmten Zeiten zum Austausch zu treffen. Oft gibt es mehr Elternteile in ähnlichen Situationen, als man denkt.

Papa-Kind-Aktivitäten organisieren: Organisiere regelmäßige Treffen oder Aktivitäten, die speziell auf Väter und ihre Kinder ausgerichtet sind. Das können Sportveranstaltungen, Wanderungen oder Vater-Kind-Workshops sein.

Bücherei- oder Café-Treffpunkte: Oft gibt es in Büchereien oder Cafés spezielle Zeiten oder Ecken für Eltern mit Kindern. Das kann eine gute Gelegenheit sein, nicht nur eine kleine Gruppe in der Nachbarschaft, sondern Gleichgesinnte zu treffen und sich auszutauschen.

Freizeitkurse besuchen: Melde dich und deine Kinder für Kurse an, die auch andere Väter anziehen könnten, wie Musikstunden, Schwimmkurse oder Eltern-Kind-Turnen.

Ehrenamtliche Arbeit: Engagiere dich ehrenamtlich bei Aktivitäten, die auch für andere Eltern interessant sein könnten. Das kann eine gute Möglichkeit sein, Kontakte zu knüpfen, während man gleichzeitig etwas Gutes tut.

Partners in Crime: Andere Eltern mit gleichaltrigen Kindern sind wie gute Arbeitskollegen: Mit Witz und Ironie verliert die Arbeit ihre Mühe. Mit anderen gemeinsam über die Absurdität und die komischen Seiten des Elternalltags lachen zu können, macht vieles leichter. Und es tut gut, sich nicht nur mit einem Kleinkind unterhalten zu können.

Sorgenfrei und *gut genug*

Die eigenen Ansprüche belasten oft am meisten. Aber wie gelingt es, sich von diesen Bildern im Kopf zu befreien, sodass auch in belastenden Situationen genug Kraft da ist, allen gerecht zu werden? Einfach mal eben die Welt anhalten geht ja nicht. Aber was funktioniert dann?

Weg von Kopfbildern – hin zu perfekt unperfekt

Über den eigenen Anspruch und unsere unterschiedlichen Formen von schlechtem Gewissen haben wir schon gesprochen. Alle eint aber oft ein sehr, sehr hoher Anspruch an sich selbst. Stets und immer zuständig sein: Das Bild der Allumsorgenden wird spätestens dann nicht mehr haltbar, wenn ein Baustein nicht mehr passt. Das Kind ist krank, das Leben mit mehreren Kiddies anders als vorgestellt, es gibt immer wieder Hürden, optimale Lösungen aber nicht. Manchmal hilft es, sich im ganz Kleinen immer wieder bewusst zu machen: Ich kann die Welt nicht ändern. Und auch nicht mein ganzes Leben. Doch hier und jetzt kann ich diese eine innere Schublade aufräumen. Mehr nicht. Trotzdem: Das ist ein Anfang. Bei den anderen Sachen, die belasten, kann das Aufräumprinzip eine Idee sein. Nimm drei Kartons: In den ersten wirfst du alles, was prima läuft, das wird behalten, in den zweiten Dinge, die dich nicht glücklich machen, aber du spürst – du wirst sie noch behalten. Stell sie erst einmal auf den Dachboden und nimm dir diese Kiste zu einem späteren Zeitpunkt noch mal vor. Die dritte Kiste ist für das, was sofort wegsollte. Die beiden anderen Kisten (super und später) behalten und nicht vergessen. Die dritte dann auch wirklich gleich entsorgen. Wie sieht das mit dem Gedanken aus „Ich hasse basteln, aber gute Eltern machen ganz aufwendige Projekte"? Kiste 1, Kiste 2 oder Kiste 3? Einfach weg, Kiste 1 geht nicht, dazu merkst du, dass dein Kind zu viel Freude daran hat. Kiste 2 super, passt nicht. Also Kiste 3, du behältst den Gedanken und suchst dazu neue Lösungswege, die dich entlasten."

Mental Load – wie kann ich mich entlasten?

„Mental Load" ist an der Tagesordnung! Der Begriff bezeichnet die kognitive Belastung, die durch das ständige Planen, Organisieren und Treffen von Entscheidungen im Alltags- und Familienleben entsteht. Es ist die „Arbeit hinter der Arbeit" – also all die unsichtbaren

Aufgaben, die erledigt werden müssen, damit das tägliche Leben reibungslos funktioniert. Dies umfasst, an wichtige Termine zu denken, das Verwalten von Haushaltsfinanzen, das Planen von Mahlzeiten und Einkäufen sowie das Koordinieren schulischer und sozialer Aktivitäten und vieles mehr.
Wissenschaftlich betrachtet, beansprucht die Mental Load das exekutive Funktionssystem des Gehirns, also den Bereich, der für Planung, Aufmerksamkeit, Problemlösung und Arbeitsgedächtnis zuständig ist. Diese konstante geistige Beanspruchung kann zu Erschöpfung führen und hat oft physische und emotionale Auswirkungen, weil die Betroffenen sich überlastet fühlen, was ungebremst zu Stress und irgendwann zum Burn-out führt. In der Regel wird der Begriff im Kontext der geschlechtsspezifischen Arbeitsteilung in Haushalten diskutiert: Studien zeigen, dass Frauen häufig einen überproportional hohen Anteil der Mental Load tragen. Dieses Ungleichgewicht wird zunehmend in der Forschung zu psychischer Gesundheit und Wohlbefinden berücksichtigt!

Schuldfalle: Ständig an alles zu denken und alles zu organisieren, überlastet mich auf Dauer.

„Morgens um sieben stehe ich in der Küche und schmiere Brote, während mein Kopf bereits den Tagesablauf meiner Familie durchgeht. Zwischen Zahnarztterminen meiner Kinder, dem Ausfüllen der Steuererklärung und der Koordination des Abendessens fühle ich mich wie der Dirigent eines Orchesters, das niemals pausiert. Meine Augen fliegen über den Kalender, der mit Notizen übersät ist. Während ich dann die Kinder zur Schule bringe, frage ich mich, ob mein Mann noch eine Erinnerung braucht, die Anzüge aus der Reinigung abzuholen, und wann ich kurz bei meiner kranken Mutter vorbeischauen kann, um bei ihr die Wäsche zu waschen und ihr mit Überweisungen zu helfen. Ich habe ein schlechtes Gewissen, weil ich am Ende des Tages doch etwas vergessen haben werde.“ Laura, 35, drei Kinder 2, 5 und 7

Fokus: Einatmen, ausatmen, aufgeben und nur einiges allein machen. Nach und nach, Stück für Stück – mit der guten alten Salamitaktik. Abgeben, wegorganisieren oder Mut zur Lücke ...

Mögliche Lösungswege

Familien-Meetings: Halte regelmäßige Familientreffen ab, plant gemeinsam die Woche und verteilt vielleicht auch Aufgaben. Klar, das muss an das Alter der Kinder angepasst werden. Jüngere Kinder können auch schon den Tisch decken. Verteilt feste Tage. Auch beim Essensplan oder bei der Planung von Aktivitäten sollten alle einbezogen werden.

Mental-Load-Bingo: Ihr könnt ein Bingo-Spiel mit alltäglichen Aufgaben und Herausforderungen erstellen. Jedes Mal, wenn eine Aufgabe erledigt oder eine Herausforderung bewältigt ist, wird ein Feld abgehakt. Dies kann eine spielerische Art sein, den Überblick zu behalten und kleine Erfolge zu feiern.

Tauschhandel mit anderen Eltern: Checkt, ob ihr Dienste oder Zeit mit anderen Eltern austauschen könnt. Kann sich eine Familie um die Kinder eines Freundes kümmern, während er oder sie etwas für dich erledigt? Vielleicht einkaufen? Oder kann ein Nachbar etwas mehr kochen und einfach „rüberreichen" – und das nächste Mal seid ihr dran? Von Chauffeurdiensten gar nicht zu reden ...

Wandernde Verantwortlichkeiten: Weise jede Woche einem anderen Familienmitglied die Verantwortung für eine bestimmte Aufgabe zu. Dies hilft, Routine zu vermeiden, und gibt jedem die Chance, sich in verschiedenen Bereichen zu beweisen. Natürlich immer für jede und jeden altersangemessen – aber auch schon Kinder ab drei Jahren können in ganz kleinem Rahmen erste Zuständigkeiten bekommen.

Schuldfalle: Medienkonsum

Wir haben das Thema Medienkompetenz schon angesprochen. Aber hier geht es jetzt wirklich um das reine Konsumieren. Glotze an, Kind davor. Und Mama? Sitzt daneben und blickt auf ihr Smartphone, während Papa auf das Tablet guckt. Wenn wir ehrlich sind, dann ist dieses „Glotzen“, Sich-einfach-berieseln-Lassen oft nicht nur eine Auszeit oder ein Ablenkmanöver für die Kinder. Manchmal ist es auch eine Kommunikationssperre für die ganze Familie. Ein Nebeneinander, kein Miteinander. Wie kommt ihr da raus, wenn sich solche Muster festgefahren haben?

„Ich setze mein Kind vor den Fernseher und während es gebannt die bunten Bilder verfolgt, erliege ich der Versuchung meines Smartphones. Ich scrolle durch Instagram, beantworte Arbeitsmails und lasse mich von digitalen Notifikationen fesseln. In mir regt sich ein nagendes schlechtes Gewissen, das mir zuflüstert, wie sehr ich damit als Vorbild versage. Ich frage mich, ob die Technologie, die eigentlich helfen sollte, mich und meine Familie voneinander entfernt. Jedes Mal, wenn ich den Bildschirm entsperre, flüstert die innere Stimme: ‚Das ist sehr böse.‘ Sie erinnert mich daran, dass ich eigentlich ein gutes Vorbild sein möchte, präsent und beteiligt am realen Leben meines Kindes.“ Diana, 34, ein Sohn, 4

Fokus: Eigenes Verhalten reflektieren, gucken, was wie wo wofür genutzt wird. Hinterfragen, Regeln finden (die immer wieder angepasst werden müssen) – mit den Medien, nicht gegen die Medien: Medien als Mittel zum Zweck. Gemeinsam umdenken und Reset drücken.

Mögliche Lösungswege

Medien-Detektive: Ernennt die Kinder zu „Medien-Detektiven“, die die Inhalte, die sie konsumieren, kritisch untersuchen. Sie können Berichte darüber schreiben, was sie gelernt haben, oder Fragen stellen. Oder digitale Schatzsuche: Organisiert eine digitale Schatzsuche, bei der die Kinder im Internet nach Informationen zu einem bestimmten Thema suchen müssen, zum Beispiel über ein Land, ein Tier oder eine historische Figur.

Digitaler Ernährungsplan: Erstellt gemeinsam einen „Ernährungsplan" für digitale Medien, ähnlich wie bei Lebensmitteln. Kategorisiere Inhalte nach „Gesund" (bildend), „Gelegentlich OK" (Unterhaltung) und „Selten" (weniger wertvolle Inhalte). Medien-Diät-Challenge inklusive: Setzt als Familie eine Zeit fest, in der ihr gemeinsam auf bestimmte Medien verzichtet und stattdessen alternative Aktivitäten unternehmt.

Kreativ-Wettbewerbe: Veranstaltet Wettbewerbe, bei denen Kinder kreative Projekte basierend auf dem erstellen, was sie in den Medien gesehen haben, zum Beispiel ein Kunstwerk, eine Geschichte oder ein kleines Theaterstück.

Tech-freie Zonen: Richtet Bereiche im Haus ein, die komplett tech-frei sind, um nicht digitale Aktivitäten zu fördern, wie Lesen, Brettspiele oder künstlerische Tätigkeiten.

Medien-Erstellungstage: Ermutigt die Kinder, selbst Medieninhalte wie Videos, Podcasts oder Blogs über ihre Interessen oder Erlebnisse zu erstellen. Hier ist wichtig: Sie mit dem Dopaminkick der Likes und Rückmeldungen nicht allein lassen!

Denkt daran: Gibt es etwas – sei es Medienzeit oder etwas anderes –, bei dem es nicht nur ums berühmte „Kindeswohl" geht, sondern auch um euch selbst? Um eure Bedürfnisse, euren Schweinehund, eure Gesundheit?

Habt ihr auch schon mal gute Deals mit euren Kindern gemacht, die funktioniert haben – und ein sozusagen „Win-win" (ich kann's schon nicht mehr hören oder lesen, aber diesmal trifft's!) sind?

Übrigens noch was: Spazieren zählt nicht. Nur echter Sport. Fürs Spazieren hat die Familie einen anderen Deal: Auf dem Weg hin zu einem Punkt im Park oder Wald unterhält sich die Familie. Auf dem Weg zurück darf der Sohn Pokémons jagen und jeder der anderen auch ihre Smartphones checken. Tja nun, so werden die Spaziergänge immer länger – auf Wunsch des Kindes.

TRICK 17: BILDSCHIRMZEIT

Freunde von Béa haben einen ziemlich guten Hack in Sachen Bildschirmzeit gefunden. Dass diese Familie auf die Idee kommt, ist ja auch kein Zufall: Die Mama ist Grundschullehrerin, der Papa Berater mit sehr vielen Coaching-Skills für Kunden aus der Wirtschaft und Technologie.

Der Sohn ist zwölf und vor allem die Wochenenden waren das Problem, an denen er in seinen virtuellen Welten verschwand. Und die Eltern hatten noch etwas, was ihnen die Corona-Zeit beschert hatte: extrem hartnäckige eigene Schweinehunde für Bewegung und Sport. Jeden Tag kam was dazwischen. Und am nächsten Tag auch ...

Und so entstand die Lösung:

Der Junge bekommt am Wochenende so viel Medienzeit, wie er sich selbst bewegt.

Eine Stunde Sport gibt eine Stunde Medienzeit.

Wenn er es aber schafft, auch nur eines der Eltern dazuzubekommen, mit ihm Sport zu machen (gern auch zusätzlich zu seinem eigenen Sport), zählt die Zeit mit Faktor 1,5. Eine Stunde Sport mit Mama und/oder Papa gibt anderthalb Stunden Medienzeit!

Die Sache funktioniert, sagt die Familie. Sie haben mehr Spaß sowohl an Sport als auch an Medien, sagen sie. Natürlich wird das nicht bei jedem von euch genauso funktionieren. Lasst euch inspirieren, in einen guten Dealmodus mit euren Kindern zu gehen.

Kreative Frühförderung

Raumschiffe aus Pappkartons gestalten, in jedem Stock einen Zauberstab sehen und Stoffreste für Bastelprojekte sammeln. Es gibt Eltern, die bekommen sofort glänzende Augen. Silke etwa, die aus Sand Autos zum Spielen formt, Stofftiere und Faschingskostüme näht und deren Kinder ihr zuliebe mitbastelten. Andere Eltern tun sich mit Gestalten, Rollenspielen oder anderen Aktivitäten schwer. Und haben das Gefühl: Oh, ich müsste das doch machen und toll finden. Entwarnung: Es geht auch anders.

Schuldfalle: Spielen und Basteln nervt.

„Ich schaue auf die Uhr, es ist gerade mal fünf Minuten her, dass ich mich auf die Couch gesetzt habe. Meine Tochter hat sich schon wieder als Prinzessin verkleidet und möchte, dass ich ihr treuer Ritter bin. Doch da ist dieses Ziehen in der Magengegend, die Erschöpfung nach einem langen Arbeitstag. Ich mag keine Rollenspiele, finde keinen Geschmack an Sandkuchen und das Basteln klebt nur an meinen unbeholfenen Fingern. Ich sehe in ihre strahlenden Augen und fühle mich elend. Ein schlechtes Gewissen nagt an mir, weil ich nicht die Elternfigur bin, die sich enthusiastisch in imaginäre Welten stürzt. Die Vorstellung, dass gute Eltern kreative Spielpartner sein sollten, drückt schwer auf mein Gewissen. Jedes Mal, wenn ich versuche, mich aus meiner Komfortzone zu wagen und zu spielen, fühle ich mich wie ein Schauspieler in einer Rolle, die ich nie richtig gelernt habe. Ich möchte ihre Freude teilen, aber in meinem Herzen sehne ich mich nach Ruhe. Ich frage mich, ob ich ihr nicht genug bin, so wie ich bin.“ Marc, 41, eine Tochter, 6

Fokus: Wir haben oft ein Bild im Kopf: Gute Eltern sind Spielpartner und haben geschickte Hände und tolle Ideen. Stattdessen: Stimmt gar nicht. Versuche, dieses Bild loszuwerden und Kompromisse zu finden.

Mögliche Lösungswege

Besser als Basteln: Findet ein Hobby, das ihr alle genießt und teilen könnt. Dies könnte etwas sein, das weniger Energie erfordert als das typische Spielen oder Basteln – vielleicht sogar etwas Nützliches? Béa und Carina haben sich auf Kochen geeinigt.

Spielerisch punkten: Was magst du gern? Singen, Musik hören, Ausflüge, Fußball spielen oder Eiskunstlaufen? Ganz sicher begeisterst du dich für etwas und genau diese Aktivitäten kannst du mit deinem Kind machen. Vielleicht lernt ihr auch gemeinsam etwas Kreatives? Es gibt tolle Kurse mit Ton, Farben oder Formen. Vielleicht macht es dir doch Spaß?

Geheimer Club: Die Kinder gründen einen „geheimen Club" mit eigenen Regeln und Aktivitäten, an denen Eltern nur teilnehmen dürfen, wenn sie eingeladen werden.

Nachbarschaftliche Bastelfreaks finden: Gibt es einsame Menschen in der Nachbarschaft? Haben die vielleicht Lust, mit den Kindern etwas zu basteln oder kreativ zu spielen?

Mystery-Missionen: Erstelle geheimnisvolle Umschläge mit kreativen Aufgaben, die die Kinder lösen müssen. Jede Aufgabe könnte ein Rätsel, eine Schnitzeljagd oder eine künstlerische Herausforderung sein.

Material-Experimente: Pack in einen Karton ganz unterschiedliche Materialien, von Papier über Kleber, Glitzer, Perlen, Textilreste ... und lass die Kinder frei experimentieren. Allein.

Schuldfalle: Ich lese meinen Kindern nicht oft genug vor.

„Als Kind habe ich es geliebt, dass mein Vater mir jeden Abend etwas vorlas. Ich habe mich eng an ihn gekuschelt, seinen Duft eingeatmet und zusammen haben wir alle Bücher von Astrid Lindgren gelesen. Für meine Kinder habe ich mir das auch so vorgestellt. Einkuscheln, lachen, reden. Aber oft bin ich am Abend einfach nur müde. Und beide Kinder können sich nicht auf eine Geschichte einigen. Vielleicht wird es besser,

wenn sie älter werden, aber momentan fällt das Lesen viel zu oft aus. Dabei ist es doch auch für die frühe Förderung und späteres Lesenlernen so wichtig. Ich habe Sorge, dass ich nicht genug Liebe zu Büchern vermittle." Ruth, 44, zwei Kinder, 4 und 5
Fokus: Kinder lieben Geschichten – wunderbar, dass es unendlich viele davon zwischen Buchdeckeln gibt! Wie schaffe ich es als Elternteil, Leseliebe zu wecken, ohne dass es mich stresst?

Mögliche Lösungswege

Hörbuch-Party: Statt selbst vorzulesen, spielt ein Hörbuch ab und macht daraus eine kleine Party. Kuscheldecken, Lieblingssnacks, und schon wird das Hörbuch zum Highlight. Bonus: Du kannst dabei die Augen schließen und dich ein wenig entspannen.
Erfinde-die-Geschichte-neu-Spiel: Lass dein Kind Teile der Geschichte selbst erfinden oder erzählen. Du wirst überrascht sein, welche kreativen Wendungen die Geschichten nehmen können, und das Beste daran: Du kannst dich dabei zurücklehnen.
Vorlese-Staffellauf: Mach das Vorlesen zu einer Familienaktivität, bei der jeder ein paar Sätze liest. Wenn du mehrere Kinder hast, können sie sich abwechseln, und du liest nur einen kleinen Teil.
Vorleseroboter: Verwandel dich in einen Vorleseroboter, der nur dann aktiviert wird, wenn das Kind einen Knopf drückt (eine Nase, ein Ohr ...). Das macht Spaß und du kannst dabei sitzen bleiben und Energie tanken.
Bilderbuch-Kino: Lass dein Kind das Buch durchblättern und die Bilder beschreiben. Oft erzählen die Bilder schon eine ganze Geschichte und du musst nur ab und zu ein paar Worte beisteuern.
Gutenachtgeschichten-Rekorder: Nimm dich selbst an einem Tag mit mehr Energie auf, wenn du eine Geschichte vorliest, und spiel die Aufnahme an deinen erschöpften Tagen abends ab. So kann dein Kind deine Stimme hören, auch wenn du gerade mal eine Pause brauchst.

Wechsel der Vorlesezeit: Verschiebt das Vorlesen auf eine Tageszeit, zu der du mehr Energie hast, zum Beispiel direkt nach der Kita, so schafft ihr Nähe und auch ein „Runterkommen". Es muss nicht immer vor dem Schlafengehen sein.
Was-passiert-als-Nächstes?-Spiel: Lies den Anfang einer Geschichte vor und lass dein Kind raten, wie es weitergeht. Das kann sehr unterhaltsam sein und benötigt weniger Energie, als das ganze Buch vorzulesen.

Krankheit und Schuldgefühle

Ganz eng schlingen sich kleine Kinderarme um Mamas Hals. Der muntere Welteroberer ist plötzlich viel zu ruhig, will nur noch kuscheln. Ein krankes Kind sorgt oft für große Schuldgefühle. Habe ich nicht gut vorgesorgt? Wieso wird mein Kind häufig krank?

Schuldfalle: Wie mit Sorgen umgehen, dass das Kind oft krank ist?

„Ich stehe am Fenster und sehe, wie die anderen Kinder draußen Fangen spielen. Drinnen sitzt mein kleiner Max, umhüllt von einer Decke, wieder einmal erkältet und hustet schwer und verschleimt. ‚Warum immer mein Kind?', frage ich mich leise. Jedes Mal, wenn er aus der Kita zurückkehrt, scheint er ein neues Virus mitzubringen. Trotz aller Vitamine und gesunden Rezepte, die ich mühevoll zubereite, weigert er sich, mehr als Nudeln und Käse zu essen. Und tobt nicht gern. Das ist für ihn ein Fremdwort, er verbringt seine Nachmittage lieber mit Puzzles und Büchern. Meine Sorge wächst mit jedem Husten, mit jeder roten Nase. Ich fürchte, diese ständigen Krankheiten können sich zu etwas Chronischem entwickeln, und es fühlt sich an, als würde ich im Kampf um die Gesundheit meines Kindes versagen." Anna, 38, ein Sohn, 4
Fokus: Information ist wichtig. Tatsächlich macht das kindliche Immunsystem das, was von ihm erwartet wird. Es baut sich auf. Vor allem in der Kita treffen mit vielen Kindern auch viele Erreger aufein-

ander. Nur so kann dein Kind Antikörper aufbauen. Nach etwa drei Wintern haben Kinder im Schnitt die häufigsten Erreger kennengelernt. Aber es gibt verspielte Ansätze, damit besser umzugehen.

Mögliche Lösungswege

Erste-Hilfe-Kurs und gute Infos: Notfälle und Krankheiten passieren viel zu schnell. Damit du besser gewappnet bist, frische immer wieder deinen Erste-Hilfe-Kurs auf!

KINDER SIND KEINE KLEINEN ERWACHSENEN!

Der kindliche Organismus verhält sich in vielen Bereichen etwas anders als der von uns Erwachsenen. Deshalb ist es sinnvoll, wenn du einen speziellen Erste-Hilfe-Kurs für Kinder besuchst.

Klug machen: Was sind das für Symptome? Ist das eine normale gesundheitliche Entwicklung? Dazu gibt es tolle Podcasts, gute Bücher und auch gute Apps. Silke hat den KidsDoc Dr. Vitor Gatinho bei seinen Büchern unterstützt und kann euch die als Standardwerke zum Nachschlagen nur empfehlen.

Ruhe: Kinder können oft noch nicht genau sagen, was wehtut und wo sie Schmerzen haben. Manche sind sehr anhänglich und brauchen Nähe, wenn sie krank werden, andere ziehen sich zurück.

Zuhause: Ja, es ist anstrengend und dein Eltern-Skill Flexibilität ist gefragt. Aber gesund wird ein Kind am besten zu Hause. Ein schlechtes Gewissen gegenüber dem Arbeitgeber, weil du nicht zur Arbeit kannst? Fürsorgliche Chefs wären sauer. Denn wenn du mit miesem Gefühl und dem Kopf zu Hause im Büro bist, kannst du nicht gut arbeiten. Du könntest auch Kolleginnen und Kollegen anstecken.

Umsorgen: Wie gut es tut, wenn extra ein Lieblingsessen gekocht wird. Oder ein Tee. Wichtig ist vor allem, dass das Kind wieder gesund wird. Es ist völlig okay, wenn es wenig Appetit hat.
Vorsorge: Impfen oder nicht? Auch hier lauern Fallen, weil es immer Menschen gibt, die deine Entscheidung für falsch halten. Unsere Haltung ist klar: Impfungen können Leben retten und die U-Untersuchungen sind wertvoll. Wenn du das Gefühl hast, irgendetwas stimmt nicht mit deinem Kind, dann darfst du ohne schlechtes Gewissen auf dein Bauchgefühl hören und in der Kinderarztpraxis hartnäckig nachfragen.
Entsorgen: Wenn ein Kind krank wird, gibt es keinen „Verantwortlichen", also weg mit den Vitaminpräparaten, von denen Fachleute abraten, und hin zur Gelassenheit. Kleine Kinder werden krank, da sich ihr Immunsystem aufbaut.

KINDERKRANKTAGE

Gesetzlich krankenversicherte Eltern können pro Elternteil an 15 Arbeitstagen (Alleinerziehende 30 Tage) Kinderkrankengeld bekommen. Und das ist gut, denn die beste Erholung ist zu Hause.

Das Thema Krankheit ist sehr belastet. Klar sind da nagende Gedanken: Hätte ich sehen müssen, dass mein Kind krank ist? Ich war so gestresst und habe nicht bemerkt, dass sich die kleine Stelle entzündet hat. Hätte ich etwas verhindern können? Ich habe den Termin für die U-Untersuchung vergessen. Blättere zurück, dass ist das magische Denken. Denn eigentlich ist es doch so: Wir wünschen uns sehnlichst, dass wir beeinflussen können, dass das Kind gesund ist: „Wenn ich alles richtig mache, wird alles gut." Aber das ist eben nicht möglich. Krankheiten passieren. Bei kleinen und bei großen Menschen. Davor können wir weder uns noch unsere Liebsten schützen.

Niemand ist verantwortlich, wenn ein Mensch eine schwere Krankheit bekommt. Aber Eltern, die nicht gesund sind, fühlen sich zusätzlich noch schlechter. Sie wünschen sich sehnsüchtig, mehr für ihr Kind da sein zu können. Die Autorin Nicole Staudinger erkrankte an Brustkrebs, als ihre zwei Jungen noch klein waren. Und ja, sie hatte ein schlechtes Gewissen, wie sie uns im Interview schilderte:

„Eine berufstätige Mutter, die oft auf Tour ist, getrennt und damals auch erkrankt? Fragt lieber, wann ich mal kein schlechtes Gewissen hatte. Das schlimmste Erlebnis war für mich tatsächlich die Einschulung meines großen Sohnes. Ich hatte ein schlechtes Gewissen, weil ich ohne Haare auf der Feier war, denn ich war mitten in der Chemotherapie. Gott sei Dank habe ich auch relativ schnell gemerkt, dass das Quatsch ist. Denn um nichts in der Welt hätte ich diesen Tag verpassen wollen, und mein Kind und ich waren glücklich. Auch mit mütterlicher Glatze. Mir fallen sehr, sehr viele Situationen ein, in denen ich das Gefühl kenne, Schuld zu haben. Und es war zu 99,9 Prozent immer Quatsch! Also habe ich mir mein schlechtes Gewissen angeguckt, es Quatsch getauft und ich parke es dauerhaft im Jahr 2014 – es meldet sich kaum noch. Meine Lösung war für mich zu entscheiden: Was habe ich in der Hand und was nicht? Eine Chemo oder einen Stau habe ich nicht in der Hand, da brauche ich auch kein schlechtes Gewissen zu haben. Und in den anderen Situationen kommuniziere ich mit meinen Kindern. Beispiel: Wenn ich im Urlaub plötzlich einen Schreibfluss habe, dann sage ich das den Jungs: ‚Jungs, gebt ihr mir eine Stunde? Dann bin ich gleich auch wieder komplett da!‘

Mein Tipp: Die Zeiten, in denen Luft ist, zu erkennen und grenzenlos zu genießen. Im besten Fall ohne jegliche Ablenkung. Auch Handy! Dann lässt sich das Gewissen besser abstellen.“

Ungeduldig, wütend, laut – auch Eltern sind nur Menschen

Die ideale Mutter. Sie lächelt immer mild, hört geduldig zu und fährt nie aus der Haut. Oder die heilige Madonna? Eine der beiden ist mit Sicherheit nur ein Bild, das es so gar nicht gibt. Vielleicht ist es das Wunschbild der Werbewelt oder der Nachkriegszeit. Heute hat sich das Rollenbild der Mutter geändert. Aber realistisch ist es immer noch nicht, geprägt von Bildern in Filmen oder auf Instagram. Hier sind insbesondere Väter mitgemeint, denn auch die sind ja heute lässig, wuppen alles gleichzeitig, bauen Baumhäuser, lackieren sich die Nägel, übernehmen die Hälfte der Sorgearbeit und hören gut zu. Sie lesen sogar Ratgeberbücher und informieren sich über Erziehungsthemen. Eines werden die idealen Eltern nie: laut und ungeduldig. Ähhh. Und wenn doch? Dann sind die Scham und das Schuldgefühl groß.

Schuldfalle: Laut, wütend und ungeduldig – so will ich gar nicht sein!

„Wie so ein Kochtopf kurz vor dem Überkochen fühle ich mich. Die Nächte sind kurz, die Tage lang und die Momente der Ruhe rar. Mein Geduldsfaden ist dünn gespannt und dann, in einem unbedachten Augenblick, reißt er. Die Lautstärke meiner Stimme überrascht sogar mich selbst, als ich meine Tochter anschreie, weil sie ihr Spielzeug nicht aufräumen will. In meinem Kopf hallt das Echo meiner eigenen Worte wider, während ich mit zitternden Händen Konsequenzen androhe – Dinge, die ich eigentlich nie durchsetzen wollte. Strafen, die sich so fern von meinem eigentlichen Erziehungsstil anfühlen. Das schlechte Gewissen drückt schwer auf meine Schultern, während ich mich frage, wie ich an diesen Punkt gekommen bin. Gesa, 31, zwei Töchter, 4 und 12

Fokus: Perfekt sind Eltern nicht. Und leider auch manchmal ziemlich von der Rolle. Statt sich deswegen mies zu fühlen, lieber dem Kind zeigen, dass auch Mama und Papa Mist bauen können, wütend sind – aber gemeinsam mit dem Kind Wege finden.

Mögliche Lösungswege

Stressdetektor: Bastle mit deinem Kind eine einfache Stressampel aus Pappe und rot, gelb, grün – eine Wäscheklammer mit Namen der Familienangehörigen an die Farbe heften, die gerade auf eure Gefühle zutrifft. Wenn ihr merkt, dass der Stresspegel steigt, zeigt der Detektor „Alarmstufe Rot“. Das ist das Signal für eine kurze Pause, tiefes Durchatmen oder eine lustige Aktivität, um den Stress abzubauen.

Mama- oder Papa-Auszeit: Manchmal braucht nicht das Kind eine Auszeit, sondern du. Verkünde, dass du jetzt fünf Minuten Mama- oder Papa-Zeit hast, in der du dich beruhigen kannst.

Das Entschuldigungsritual: Etabliere ein Ritual, bei dem ihr euch gegenseitig auf lustige Weise entschuldigt, vielleicht durch einen Tanz, ein selbst gemaltes Bild oder eine witzige Geste. Das lockert die Situation auf und hilft, Spannungen zu lösen.

Umkehr-Zauberstab: Bastle zusammen mit deinem Kind einen magischen Zauberstab, der dabei hilft, die Zeit zurückzudrehen, wenn du laut geworden bist. Nutz ihn, um die Situation spielerisch zu entschärfen und zu zeigen, dass du deinen Fehler erkennst.

Lach-Attacke: Wenn du merkst, dass du kurz davor bist, laut zu werden, versuch stattdessen, gemeinsam mit deinem Kind zu lachen. Lachen ist ein großartiger Stressabbauer und kann die Situation schnell entspannen.

Das Ich-wünschte-Spiel: Wenn du dich dabei ertappst, dass du laut wirst, wechsel in das Ich-wünschte-Spiel, in dem du deine Wünsche auf lustige Weise ausdrückst. Zum Beispiel: „Ich wünschte, wir könnten die Unordnung mit Zauber wegputzen!“

Wenn die Wut gewinnt

Was ist zu tun, wenn die Wut die Oberhand gewinnt? Hier findest du nützliche Tipps, um Zornesausbrüche zu bewältigen:

» Analysiere die Lage: Was ist gerade passiert? Zielt die Reaktion meines Kindes tatsächlich auf mich ab oder liegt es vielleicht an

Schwierigkeiten im Kindergarten oder in der Schule? Ein kurzer Moment der Besinnung kann eine enorme Hilfe sein.

- » Verlasse den Raum. Am besten gehst du mit deinem Kind zusammen hinaus und schnappst ein wenig frische Luft.
- » Es ist nicht nötig, laut zu werden, ein strikter, ernster Ton kann viel effektiver sein.
- » Atme bewusst ein und aus, idealerweise vor einem geöffneten Fenster. Dadurch kommt mehr Sauerstoff in dein Gehirn und die Durchblutung wird gefördert. Das kann auch deine Fähigkeit stärken, besonnen und bedacht zu handeln.
- » Das Werfen von Gegenständen kann helfen – aber nur von weichen Artikeln wie Kissen. Ein gemeinsames Gelächter während einer Kissenschlacht kann ebenfalls zur Entspannung beitragen.
- » Falls Schreien notwendig ist, achte auf deine Wortwahl und deinen Ton. Sage deinem Kind nicht: „Du bist böse", sondern: „Das, was du getan hast, ist nicht in Ordnung."
- » Entschuldige dich bei deinem Kind, wenn du einen Wutanfall hattest. Und zwar unmittelbar danach und aufrichtig. Es ist wichtig, deinem Kind noch einmal zu erklären, warum sein Verhalten dich so erzürnt hat.

Sollte es dazu kommen, dass du dein Kind schlägst, dann ist es wichtig, sofort professionelle Hilfe und Unterstützung zu suchen!

ALARMSIGNAL WUT

Wenn Wut zu lange köchelt, kann sie gefährlich werden. Es ist wichtig, seine eigenen Gefühle zu erkennen und zuzulassen. Denn Wut kann auch positive Energien freisetzen, die dazu beitragen, endlich das auszusprechen, was stört, und Lebensbedingungen zu ändern.

SPECIAL: 7 ZEICHEN FÜR GUTE ELTERNSCHAFT

Die australische Psychologin Nadene van der Linden hat sieben Zeichen aufgelistet, die zeigen: Das mit der Elternschaft machst du richtig – und die möchten wir euch hier präsentieren. Wir haben sie aus dem Englischen übersetzt und ein wenig gepaart mit Béas Erkenntnissen als Mama mit großem Kind:

1. Dein Kind zeigt eine ganz breite Palette an Emotionen – Wut inklusive.

Freude, Jubel, Heiterkeit. Außerdem auch Schmusen, Liebhaben, Kuscheln. Kein Problem, oder? So hat uns die Werbung das Kinderhaben schon immer verkauft. Die Sache mit Wut, Trampeln, Schimpfen, Nölen sieht schon wieder anders aus. Manchmal ist es aber sehr schwer, die großen miesen Gefühle auszuhalten und zu begleiten. Aber dass dein Kind sich nicht verstellen muss und du merkst, dass auch Platz für Zorn, Wut oder Trauer da ist, zeigt: Du machst alles richtig. Puh!

„Es macht mir große Sorgen, wenn Kinder ihre Gefühle vor ihren Eltern verbergen. Oft ist dies ein Zeichen für große Probleme in der Eltern-Kind-Beziehung“, schreibt van der Linden. Das ist tröstlich. Also, beim nächsten Wutanfall denken: „Mein Kind hat genug Vertrauen in mich, mir das zu zeigen.“ Om. Bei einigen Kindern hilft umarmen, bei anderen einfach den Rückzug akzeptieren.

Und bei älteren Kindern in der Pubertät könntest du grinsen und direkt sagen: „Danke mein Schatz, dass du so viel Vertrauen in mich hast und mir deine Gefühle so offen zeigst ...“ Könnte allerdings sein, dass die Antwort darauf heftiges Augenrollen beinhalten wird. Aber immerhin spricht dann der Teenie mit dir. Aber Achtung: Sollten Worte fallen, können die auch vonseiten des Pubertierenden Ironie beinhalten.

2. Dein Kind kommt zu dir mit kleinen und großen Problemen

Die Psychologin sagt: „Ich weiß, dass ein Elternteil einen großartigen Job macht, wenn das Kind ihn als erste Anlaufstelle für alle seine Probleme betrachtet. Das bedeutet, dass Eltern ein sicherer Hafen für es sind." Es lohnt sich, dem Kind zu signalisieren, dass alles, was es bekümmert, bei Mama oder Papa gut aufgehoben ist. Dass es gehört und verstanden wird. Allerdings ist es auch unser Job als „Führungskraft", manche Probleme klar einzuordnen. Wenn ein Dreijähriger uns lauthals morgens die Küche zusammenbrüllt, weil wir das Brot in Dreiecke geschnitten haben, nachdem er gesagt hat, dass er Dreiecke will, aber eigentlich Rechtecke meinte, dann ist wohl klar, dass es müßig ist, das Kommunikationsproblem ausgiebig zu diskutieren. Einer der Beteiligten ist dazu sicher zu müde und solche Situationen gehören in der Autonomiephase dazu. Morgen sollen es dann doch Dreiecke sein ...

3. Dein Kind kann Gedanken und Gefühle zur Sprache bringen, ohne deine Reaktion zu fürchten.

„Einige Eltern beschränken unbewusst die Kommunikation mit ihrem Kind durch ihr Verhalten, sie überreagieren beispielsweise auf Gedanken oder Gefühle, die sie nicht mögen oder die ihr Verhalten als Eltern infrage stellen", schreibt Nadene van der Linden. Ist das etwas anderes als der erste Punkt? Klare Antwort: ja. Denn das trifft besonders für ältere, auch möglicherweise feinfühlige Kinder zu. Wenn du Ärger im Job hast oder dich gerade etwas in der Beziehung belastet oder andere Themen dich bekümmern – kann es schon sein, dass sie intuitiv spüren, dass sie dich mit Fragen oder Bemerkungen verletzen können ... und dann ihre Gedanken oder Erlebnisse von dir fernhalten.

4. Du schafft es, dein Kind zu maßregeln, ohne sein Selbstwertgefühl zu verletzen.

Das ist ein ganz großes Thema ... ich muss als Mutter für mein Kind auch oft ein Korrektiv sein. Verhalten, das andere verletzt, kann ich und sollte ich ihm nicht durchgehen lassen. Am besten mache ich das, indem ich dem Kind zeige, dass ich es als Mensch wertschätze und es über alles liebe – und gleichzeitig sein Verhalten in bestimmten Momenten nicht akzeptabel finde.

5. Du ermutigst dein Kind, seine Interessen und Talente zu verfolgen und seiner Neugier nachzugehen.

„Manchmal sehe ich Eltern, die die Aktivitäten ihrer Kinder lenken, um eigene unerfüllte Träume und Bedürfnisse zu erfüllen. Oder schlichtweg aus Angst vor der Zukunft möchten sie die Bildung und das Einkommen des Nachwuchses gesichert sehen“, schreibt die Psychologin. Heißes Eisen, denn gerade wenn Kinder älter werden, gibt es viele Eltern, die bewusst oder unbewusst ihr Kind lenken wollen. Ermutigen und unterstützen ja, aber nicht manipulieren. Das sollte eigentlich klar sein. Das Kind will trotz Talent nicht Handball spielen und lieber eine Lehre als Schneiderin machen? Wenn es seinen Weg selbstbewusst finden darf, ist das auch für euch Eltern ein Kompliment.

6. Du kannst klare Grenzen setzen, um deinem Kind Sicherheit zu vermitteln.

„Grenzen helfen Kindern, sich geliebt und geschätzt zu fühlen, auch wenn sie diese Grenzen oft nicht mögen.“ So sieht das die Psychologin Nadene van der Linden. Ein Kind, das alles darf und völlig selbst entscheiden kann, was es tut, wird sich schnell unsicher fühlen. Ein Kind muss nicht angeschnauzt werden, damit deutlich wird, dass Mama oder Papa nicht möchte, dass es andere beschimpft oder gar mobbt oder Dinge kaputt macht. Du bist ja Vorbild und kannst zeigen, dass dies nicht zu den Werten eurer Familie gehört. Der Begriff Grenzen stört? Dann nimm das Bild der Leitplanken: Sie geben dem Kind einen Rahmen und Halt – aber innerhalb dieser Planken kann und soll es seine eigenen Entscheidungen treffen und mitbestimmen.

7. Du gibst Fehler zu und bemühst dich, sie wiedergutzumachen.

Sicher sind wir Menschen und auch wir Eltern nicht perfekt. Wir machen Fehler. Wir machen auch mit unseren Kindern Fehler – indem wir mal die Nerven verlieren, laut werden oder unwillentlich mit Worten verletzen. „Am meisten lernen unsere Kinder von uns, wenn wir unsere Fehler reflektieren und uns entschuldigen", erkärt van der Linden.

Übrigens, an dieser Stelle noch etwas, das extrem wichtig ist. Unsere Kinder lernen auch eine Menge, indem sie uns beobachten, wie wir mit anderen Menschen umgehen. Zunächst mit dem anderen Elternteil, unserem Partner – ob an unserer Seite oder aber auch nicht. Und mit jedem anderen Menschen. Wie klären wir Konflikte mit anderen Erwachsenen? Sind wir fähig, ihr und unser Verhalten zu reflektieren, uns zu entschuldigen, anderen zu verzeihen – oder bleiben wir stur und versperrt? Als Mutter oder Vater bist du der Leitwolf oder die Leitwölfin, dein Kind wird sich an dir orientieren – und gerade deswegen darfst du auch gelassener sein.

Auf in die Welt –
Kita und Schule

Kita, Schule, Arbeitsplatz, Nachbarschaft – wir sind alle ganz schön eingebunden. Aber so richtig einrichten mit der Einrichtung? Gar nicht immer einfach. Denn eine friedvolle und glückliche Koexistenz ist gerade deswegen oft eine Herausforderung, weil wir uns die Rahmenbedingungen nur begrenzt aussuchen können. Aber auch hier lassen sich Wege finden.

Du kannst nicht alles verändern

Akzeptiere, was du nicht ändern kannst, oder ändere, was du nicht akzeptieren kannst … so ähnlich lauten die klugen Kalendersprüche. Doch wir beide möchten uns das nicht auf ein Kissen sticken! Denn schon wieder flüstert ein schlechtes Gewissen: „Siehst du, du bist verantwortlich!" Um es ganz klar zu sagen: Manchmal ist das Leben verdammt schwer. Und ja, es kann auch sein, dass du dazu mit beigetragen hast. Aber ganz, ganz oft ist das, was wirklich belastet und an die Substanz geht, etwas, das du nicht vorhersehen konntest, oder es sind Gegebenheiten, die du nicht so einfach ändern kannst. Du bist alleinerziehend und auf die Betreuung in der Kita angewiesen? Dann kannst du oft nicht mal eben kündigen, denn Kitaplätze sind rar, und manchmal muss dein Kind in die Kita, die eben für euch die günstigsten Öffnungszeiten hat. Oder es gibt nur eine im Ort. Oder gar keine und ihr Eltern müsst unendlich viel organisieren. Das lässt sich nicht ändern. Aber das Akzeptieren ist eine Alternative, die meist von Schuldgefühlen begleitet wird. So geht es sehr oft dann, wenn es um äußere Rahmenbedingungen geht. Du kannst einiges beeinflussen. Aber nicht alles verändern. Manchmal ist aufgeben eine Option. Wenn alles, absolut alles sehr schwerfällt, suche dir Hilfe und Unterstützung.

Du darfst weinen, toben und schreien, wenn du das Leben schreiend ungerecht findest. Und dann? Hinfallen. Wieder aufstehen. Eventuell Krone richten oder Königinnenreich verlassen. Denn gerade wenn du in eine Schuldfalle geraten bist, die so gar nicht von dir beabsichtigt oder beeinflusst wurde, ist die Gefahr groß, dass du gelähmt bist, nicht weißt, wie du da herauskommen sollst. Und das ist die gute Nachricht: Nutze deinen Kompass! Wo genau zwickt das schlechte Gewissen? Wie kannst du Dinge im Kleinen beeinflussen? Muss es der große Paukenschlag sein? Denk lieber kleinschrittig, denn alles verändern ist eben nicht möglich, ein Gedanke, der belastet. Aber Kleinigkeiten kannst du schon beeinflussen. Du bist unglücklich, weil du beengt wohnst? Der Wohnnungsmarkt ist an einigen Orten übel. Damit wirst du leben müssen. Aber du kannst überlegen, wie du eure Wohnung möglichst optimieren kannst, manchmal kann geschicktes Umstellen der Möbel Platz schaffen. Was wir damit sagen wollen: Nutze kleine Dinge, die du verändern kannst, anpacken kannst. Das gibt dir das Gefühl, ein klitzekleines bisschen wirksam zu sein und aktiv zu werden!

Wir vermissen uns

Ganz klar, manche Kinder sind sehr lange in der außerfamiliären Betreuung. Gerade bei Alleinerziehenden oder wenn die Arbeitswege lang sind oder Eltern in Schichten arbeiten, dann kann es sein, dass ein Kind gut acht Stunden in der Kita ist. Dazu kommt noch der Weg.

Schuldfalle: Es geht nicht ohne Vollzeitarbeit, aber das Kind ist so viele Stunden weg. Ich hab Angst, dass es zu lang ist.

„Wir arbeiten beide im Schichtdienst. Für unsere Kinder heißt das, dass sie jeden Tag von 7 bis 16 Uhr in der Kita sind. Um 6 Uhr müssen wir aus dem Haus. Beide sind da gern und fühlen sich wohl. Aber mir kommt es oft so unendlich lang vor. Die haben doch eine 45-Stunden-Woche. Und das noch ohne Fahrweg. Meine Frau findet das nicht so schlimm, denn die Kinder haben da ja ihre Freunde, lernen sogar Englisch und sind fröhlich. Aber ich denke gern an die Zeit, als ich noch nicht zur Schule ging und wir bei uns im Garten lange Höhlen gebaut haben und einfach durch die Gegend stromerten.“ Max, 34, zwei Kinder, 4 und 6

Fokus: Wie das Beste aus einer nicht zu ändernden Situation und äußeren Umständen machen?

Mögliche Lösungswege

Schummeltage, Quality time, aber auch Nachfragen: Hat mein Kind wirklich ein Problem, mich oft nicht zu sehen – oder habe ich das Problem?

Qualitätszeitenplan: Erstellt einen speziellen Qualitätszeitenplan für das Wochenende. Dieser könnte beinhalten, dass jedes Wochenende ein besonderes Familienabenteuer stattfindet, sei es ein Ausflug in den Park, ein Spieleabend oder ein gemeinsames Kochprojekt.

Erinnerungsbuch: Führt ein Familien-Erinnerungsbuch, in das ihr Fotos und Notizen von euren Aktivitäten klebt. Das hilft, die schönen Momente festzuhalten und sich zu erinnern, dass die gemeinsame Zeit qualitativ wertvoll genutzt wird.

Gutenmorgengeschichten: Nutzt die Morgenzeit für kurze, aber schöne Momente. Erzählt euch gegenseitig beim Frühstück kurze Geschichten oder beginnt den Tag mit einem lustigen Ritual wie einem gemeinsamen Tanz zu eurem Lieblingslied.

Ein Schummeltag im Monat darf sein. Vergesst das Samstagputzen, streicht Besuche. Nehmt euch an einem Wochenende oder Feiertag wirklich mal frei. Und lasst einen planlosen Tag auf euch zukommen.

Wunder-Minuten: Nehmt euch jeden Abend ein paar Minuten Zeit, um euch gegenseitig von eurem Tag zu erzählen. Das hilft, trotz der langen Trennung verbunden zu bleiben.

Liebevolle Nachrichten: Leg deinen Kindern kleine Nachrichten in die Brotdose oder an andere Orte, wo sie diese während des Tages finden können. Das zeigt ihnen, dass du an sie denkst.

Themenabend: Sucht euch einen Abend aus pro Woche, an dem ihr etwas Besonderes macht, auch nach langen Stunden – hier einige Ideen:

» Mal-Zeit: Beginnt die Woche kreativ mit einem Familien-Malabend. Jeder malt sein eigenes Bild oder ihr arbeitet zusammen an einem großen Familienkunstwerk.
» Tierischer Tag: An einem Tag dreht sich alles um Tiere. Besucht einen Zoo, geht gemeinsam spazieren und beobachtet Vögel oder schaut einen tierischen Film zusammen an.
» Wasser marsch: Und dann ist da noch der feuchte Tag voller Wasserspaß. Schwimmbad, Wasserschlachten im Garten oder entspannende Bäder mit Spielzeug und Blubberblasen laden ein.

- » Vorhang auf: Bühne frei! Theatertag. Verkleidet euch, führt kleine Sketche auf oder bastelt Puppen für ein Puppentheater.
- » Filmabend: Der Freitag bietet sich für einen Familienfilmabend an. Wählt gemeinsam einen Film aus, macht Popcorn und kuschelt euch aufs Sofa.

Damit ihr euch nicht mit zu vielen Aktivitäten übernehmt: Ein Thementag pro Woche ist genug!

Das Kind mag nicht mehr in die Kita

Alltag ist manchmal anstrengend. Das finden auch schon kleine Kinder. Und selbst das aufgeweckteste, fröhlichste Kind will manchmal nicht mehr in den Kindergarten gehen – oft ohne Vorwarnung. Gründe kann es viele geben. Vielleicht ist es heute einfach zu Hause so schon gemütlich. Oder es war gestern in der Kita sehr laut oder es gab Streit. Der Lärmpegel in einer Kindertagesstätte ist auch für die Ohren kleiner Menschen sehr, sehr hoch und anstrengend. Manchmal ist es die Freundin, die nun eine andere liebste Spielpartnerin gefunden hat. Oder die Lieblingserzieherin, die im Urlaub oder krank ist und die das Kind vermisst. Manchmal fühlen sich Kinder aber auch sehr wohl im Kindergarten, mögen sich aber gerade jetzt gar nicht gern von den Eltern trennen. Vielleicht, weil sich ein Geschwisterchen ankündigt oder weil ein Virus im Anmarsch ist. Es können viele Ursachen sein und es gibt nur einen Experten, der den genauen Grund kennt, aber der ist noch sehr jung: das Kind.

Schuldfalle: Der Kitastart ist zum Problem geworden. Haben wir das Kind überfordert?

„Unsere Lene ist seit vier Monaten bei den Großen in der Bärengruppe. Nicht zu Hause zu sein, das kannte sie schon, sie war ja auch ein Krippenkind. Doch in der Bärengruppe sind mehr Kinder, weniger Erzieherinnen und für die ‚Großen' ist der Alltag ein wenig anders. Das fand sie

lange toll. Aber dann ging von heute auf morgen gar nichts mehr. Sie will am Abend den Rucksack nicht mehr packen, am Morgen verweigert sie alles. Die Erzieher im Kindergarten berichten, dass Lene gern im Kindergarten ist und schon viele Freunde gefunden hat. Es sei durchaus normal, dass Kinder nach einigen Monaten nicht mehr so begeistert seien. Nun haben wir Eltern ein schlechtes Gewissen. Haben wir ihr zu viel zugemutet?" Mark, 41, eine Tochter, 3

Fokus: Wie kann Kita wieder Spaß machen?

Mögliche Lösungswege

Neues Abschiedsritual: Bisher hat Papa das Kind immer in die Gruppe begleitet. Nun wird er nur bis zur Garderobe begleiten. Und dann wird Papa zur Tür gebracht und vom Kind hinausgeschubst. Denn es heißt ja Kinder- und nicht Elterngarten.

Freunde-Fotoalbum: Erstellt ein kleines Fotoalbum mit Bildern von den Freunden und Erzieherinnen aus der Kita. So kann sich dein Kind auch zu Hause an die vertrauten Gesichter erinnern.

„Was bin ich?"-Spiel: Fotografier einige Gegenstände oder Ecken in der Kita und zeige diese Bilder zu Hause deinem Kind. Lass es raten, wo und was das ist. So wird es spielerisch an die Kita erinnert und vielleicht neugierig gemacht.

Wiedersehen-macht-Freude-Geschenk: Bereitet ein kleines Wiedersehen-macht-Freude-Geschenk für das Kind vor, das es nach dem ersten Tag zurück in der Kita bekommt.

Lieblingsgegenstand mitnehmen: Lasst euer Kind einen Trostgegenstand (zum Beispiel ein Lieblingsspielzeug oder Kuscheltier) mit in die Kita nehmen. Das gibt ihm ein Stück Sicherheit und Vertrautheit.

Kita-Schatzsuche: Organisiert eine kleine Schatzsuche in der Kita, bei der das Kind am ersten Tag nach seiner Rückkehr nach versteckten „Schätzen" (kleine Spielzeuge oder Sticker) suchen darf, die die Erzieherinnen vorher versteckt haben.

Auszeit: So eine „Einfach mal keine Lust"-Phase haben wir Großen auch. Wäre es nicht schön, einfach mal zu sagen: „Nö, mache ich heute nicht. Ich will zu Hause sein, kuscheln, schlafen und verwöhnt werden"? Dreijährige dürfen das. Es zeigt auch, dass sich dein Kind bei dir geliebt und geborgen fühlt. Wenn die Erzieherinnen signalisieren, dass dein Kind eigentlich gern im Kindergarten ist, dann ist so ein Pausentag auch mal völlig in Ordnung.

Mit Büchern das Gespräch suchen: Guckt gemeinsam ein Bilderbuch über den Kindergartenalltag an und frag nach: Ist das bei dir auch so? Was ist schön? Und was nicht? Lass dir den Tagesablauf beschreiben. Gibt es etwas, das dein Kind sehr gern mag? Etwas, das es traurig macht? Kinder möchten – wie viele Erwachsene auch – nicht unbedingt einen klugen Rat, sondern Verständnis, wenn sie erzählen. Oft können sehr junge Kindergartenkinder noch nicht sehr gut beschreiben, wie sie sich fühlen. Und manchmal ist ein Grund für den Kummer auch nicht sehr klar für die Erwachsenen. Das Gespräch hilft trotzdem, denn es zeigt: Mama und Papa hören mir zu und nehmen mich ernst.

Sensibel bleiben: Will dein Kind wiederholt nicht in den Kindergarten, träumt es schlecht oder verhält sich auffällig, solltet ihr Eltern hellhörig werden. Denn manchmal kann auch ein ernstes Problem dahinterstecken.

Alles anders – Umzüge und andere neue Wege

Nicht nur nach einer Trennung, auch durch berufliche Veränderungen bei den Eltern, den Tod eines engen Angehörigen oder einen Umzug wird ein Familienalltag total auf den Kopf gestellt. Ja klar, vom Kopf her weißt du, dass du daran keine Schuld trägst. Und gerade die Erfahrung von Lehrern zeigt, dass sich Kinder auch in einer neuen Schule recht schnell eingewöhnen. Aber was tun, wenn ein Kind unter den neuen Umständen leidet?

Schuldfalle: Mute ich dem Kind dabei zu viel zu?

„Als meine Mutter starb, haben wir unerwartet ein Haus geerbt. Mir ging es durch ihren frühen Tod sehr schlecht, aber wir wollten das Haus gern renovieren und so auch mehr Platz haben. Erst der Tod meiner Mutter, dann das Renovieren und schließlich ein Umzug in eine andere Stadt. Mein Sohn musste auch die Schule wechseln. Aus einem lebhaften Erstklässler wurde ein sehr ruhiger Zweitklässler. Bisher hat er hier noch kaum Anschluss gefunden und ich habe das Gefühl, dass wir ihm einfach zu viel zugemutet haben. Aber es ging doch nicht anders! Sylvie, 29, ein Sohn, 8

Fokus: Manchmal ist alles mies. Das soll nicht schöngeredet werden. Aber Kinder können mehr verkraften, als wir denken. Versuche in so einer Situation das Bestmögliche. Eure Bindung wird darunter nicht leiden.

Mögliche Lösungswege

Schatzkarte des Lebens: Bastelt gemeinsam eine Schatzkarte des Lebens, auf der die alten und neuen Stationen (Haus, Kita, Schule) markiert sind. Das hilft dem Kind, die Veränderungen als Teil eines größeren Abenteuers zu sehen.

Neue-Abenteuer-Tagebuch: Ermutige dein Kind, ein Neue-Abenteuer-Tagebuch zu führen, wo es seine Erfahrungen, Gedanken und Gefühle zu den Veränderungen hineinmalen oder aufschreiben kann. Dies kann helfen, mit dem Wandel umzugehen.

Erinnerungsbox: Trauer kommt in vielen Varianten. Kinder trauern anders als Erwachsene. Eine Kiste mit Erinnerungsstücken und Fotos kann helfen, den Verlust der Großmutter besser zu verarbeiten.

Entdecker-Ausflüge: Macht regelmäßige Ausflüge, um die neue Umgebung zu erkunden – Parks, Spielplätze, Bibliotheken. Das kann dem Kind helfen, sich in der neuen Umgebung wohlzufühlen.

Neue Hobbys oder Projekte: Wo könnt ihr neue Menschen kennenlernen? Sucht mit dem Kind neue Hobbys – etwa im Sportverein

oder bei der freiwilligen Feuerwehr. Über gemeinsame Interessen finden sich auch leichter Kontakte als über die Schule.
Bring mir neue Namen: Es ist oft nicht leicht, neue Menschen kennenzulernen. Ermutige dein Kind, mehr über neue Klassenkameraden zu erfahren. Es kann zu Hause jeden Tag etwas über ein anderes Kind erzählen. Wer hat eine Brille, wer sitzt neben ihm?
Einweihungsfest: Da die Großmutter hier gelebt hat, ist die Familie ja vielleicht etwas vertraut mit der Nachbarschaft. Wie wäre es mit einem kleinen Einzugsfest, verspätet, da es ja auch einen Trauerfall gab? Hier könnt ihr alle euch vorstellen und sicher auch Kontakte knüpfen oder wiederbeleben.

Großes kleines Kind – Vorschulzeit

Schuldfalle: Bald fängt die Schule an. Aber ist unser Nachwuchs auch optimal vorbereitet?

„In ein paar Monaten geht die Grundschule los. Und unsere Lea ist nicht wiederzuerkennen. Ständig unruhig, sehr ungeduldig. Mal freut sie sich, dass sie nun groß ist, dann weint sie, weil sie in der Kita bleiben will. Wir Eltern fühlen uns hilflos." Ole, 32, eine Tochter, 6
Fokus: Übergangsphasen sind für alle anstrengend.

Mögliche Lösungswege

„Mein erster Schultag"-Geschichtenabend: Organisiert einen Geschichtenabend, bei dem Familienmitglieder und Freunde lustige oder lehrreiche Geschichten aus ihrer eigenen Schulzeit erzählen. Das kann Ängste abbauen und zeigt dem Kind, dass die Schule auch Spaß machen kann. Allerdings: Bange machen gilt nicht (siehe „Ernst des Lebens" ab Seite 176)
Schul-Entdeckungstouren: Macht „Entdeckungstouren" zur zukünftigen Schule. Besucht den Schulhof, schaut durch die Fenster in die Klassenräume und lernt den Weg zur Schule kennen. Das macht das Unbekannte vertrauter.

„Wie fühle ich mich?"-Gespräche: Führe regelmäßige Gespräche darüber, wie sich dein Kind fühlt. Nutze dazu kreative Methoden wie Gefühlskarten oder Rollenspiele, um es dem Kind zu erleichtern, über seine Emotionen zu sprechen.

„Mein erster Schultag"-Rollenspiel: Spielt den ersten Schultag zu Hause durch, mit dir als Lehrerin und Geschwistern oder Freunden als Mitschülerinnen. So kann das Kind den Schultag in einem sicheren Umfeld üben.

Vorbereitende Lernspiele: Nutzt spielerische Lernspiele, um das Kind auf schulische Inhalte vorzubereiten, ohne Druck auszuüben. Das kann Spaß am Lernen fördern und Selbstvertrauen aufbauen.

Schulhelden-Interviews: Interviewt ältere Kinder oder Geschwister, die bereits zur Schule gehen, und lasst sie von ihren Erfahrungen erzählen. Das kann dem Kind helfen, ein realistisches und positives Bild vom Schulalltag zu bekommen.

Ernst des Lebens: Lehrkräfte und Schulalltag

Kleine Kinder, kleine Sorgen – große Kinder, große Sorgen. Eines dieser Sprichwörter, die manchmal sehr stimmen. Je älter ein Kind wird, desto weniger Einfluss haben Eltern. Du bist sehr unzufrieden mit der Kita? Du kannst im Extremfall einen anderen Kindergarten finden oder dein Kind zu Hause betreuen. Aber bei der Schule ist das schon anders. Sicher, in einigen Städten gibt es Privatschulen – eine davon hat Béa sogar in Berlin gegründet –, aber in den meisten Fällen kannst du die Schule und die Lehrer für dein Kind eben nicht aussuchen. Und abmelden? Es herrscht Schulpflicht. Und ja – es fühlt sich für Eltern oft gar nicht gut an, wenn sie merken, dass ein fröhliches, wissbegieriges Kind nicht die besten Möglichkeiten zum Lernen hat. Viele Schulen sind schlecht ausgestattet, die Lehrkräfte sind überfordert oder ausgebrannt. Aber einfach mit den Schultern zucken geht auch nicht: In deinem Rahmen hast du Möglichkeiten, etwas zu verändern.

Schuldfalle: Jemand mag mein Kind nicht – das kann ich doch nicht zulassen!

„Die Grundschullehrerin meines Kindes wirkt immer so angezickt mit uns Eltern. Sie ist jetzt nicht direkt unfreundlich, wirkt aber überlastet und so ein Grundgefühl der Genervtheit vermittelt sie uns, und zwar vor allem bezogen auf das Kind. Ich glaube, sie mag das Kind nicht und das spürt unser Kind auch, will nicht mehr in die Schule etc. Wir fühlen uns als schlechte Eltern, weil wir unserem Kind nicht das optimale Schulumfeld bieten." Eileen, 28, eine Tochter, 6

Fokus: Pädagogische Fachkräfte sind manchmal überlastet, nicht immer passend fürs Kind, aber manchmal ist ihre Kritik auch konstruktiv und kann sogar zu hilfreichen Diagnosen führen.

Mögliche Lösungswege

Eltern-Lehrer-Brücke bauen: Versucht, euch klarzumachen, welches Bedürfnis hinter euren Gefühlen steckt, und einen offenen und konstruktiven Dialog mit der Lehrkraft zu führen. Manchmal kann das Verständnis für die Situation der Lehrkraft helfen, die Spannungen zu reduzieren.

Alternative Unterstützung: Erwäge, außerschulische Unterstützung in Anspruch zu nehmen, wie Schulpsychologen, Tutoring oder außerschulische Aktivitäten, die dem Kind Selbstvertrauen geben.

Entspannungsrituale: Etabliert nach der Schule Entspannungsrituale wie eine gemütliche Teezeit oder eine kurze Meditation. Oder Gruppenaktivitäten wie gemeinsame Sportprojekte wie Rope Skipping, Neudeutsch für Seilspringen, oder witzige Laufspiele. Das hilft deinem Kind zwar nicht im Umgang mit der Lehrkraft, aber dabei, sich in der Schule wohler zu fühlen und auch Stress abzubauen.

Gemeinsame Elterninitiative: Organisiert ein Treffen mit mehreren Eltern, um konstruktive Lösungen zu diskutieren. Manchmal kann eine Gruppe von Eltern effektiver mit der Schule kommunizieren und positive Veränderungen bewirken. Manchmal hilft es, einfach zu wissen, dass man nicht allein ist. Organisiert ein informelles Treffen oder einen Kaffeeplausch, um Solidarität zu zeigen und sich gegenseitig aufzumuntern.

Gemeinschaftsprojekte: Startet Projekte oder Veranstaltungen, die die Schulkultur positiv beeinflussen, wie Schulfeste, kreative Workshops oder gemeinschaftliche Gestaltungsprojekte.

Eltern-Mentoring-Programm: Erfahrene Eltern könnten ein Mentoring-Programm für neue oder sich in schwierigen Situationen befindende Eltern anbieten. Dieser Erfahrungsaustausch kann sehr hilfreich sein.

Schuldfalle: Was, wenn unser Kind nicht zum Schulsystem passt?

„Mein Kind ist eigentlich ziemlich intelligent, aber in der Schule unmotiviert und sogar ein bisschen faul. Wir haben ständig Stress ... er bringt durchweg schlechte Noten, ist unkonzentriert, schafft die Hausaufgaben nur im Schneckentempo. Ich mache mir Sorgen, dass ihn der Ernst des Lebens noch erwischt und er seine Schule nicht schafft ... “

Anne, 38, ein Sohn, 9

Fokus: Ja, es gibt Kinder, die sich mit der Schule schwertun. Aber nicht das Kind ist das Problem! Betrachte die Situation auch mit den Augen des Kindes.

Mögliche Lösungswege

Perspektivwechsel: Ist dein Kind wirklich ein langsamer Lerner? Was für Feedback gibt die Schule? Was sagt der Kinderarzt? Sind alle organischen Probleme (schlechtes Sehen, schlechtes Hören) ausgeschlossen? Ist ein Kind sehr verträumt oder unkonzentriert, sollte auch tatsächlich geprüft werden, ob eventuell eine Lernschwäche oder AD(H)S die Ursache sein könnte. So etwas „verwächst“ nicht, hier braucht dein Kind keinen Druck, sondern gute fachliche Unterstützung.

Lernen als lebenslangen Prozess sehen: Versteh, dass Lernen ein lebenslanger Prozess ist und der schulische Erfolg nicht allein über die Zukunft eines Kindes bestimmt. Darauf basierend:
Erwartungen überdenken: Überprüf deine eigenen Erwartungen. Sind sie realistisch, dem Alter und den Fähigkeiten deines Kindes angemessen? Manchmal kann die Anpassung der Erwartungen dazu beitragen, den Druck zu verringern.
Interessen-Projekt: Finde heraus, was dein Kind wirklich interessiert, und integriere diese Interessen in den Lernprozess. Zum Beispiel: Wenn es sich für Dinosaurier interessiert, könntet ihr zusammen ein Forschungsprojekt dazu machen, das auch schulische Fächer wie Geschichte oder Naturwissenschaften einbezieht.
Meilenstein-Markierungen: Setze realistische Ziele und feiere die kleinen Erfolge. Statt sich nur auf Noten zu konzentrieren, könntest du Fortschritte in anderen Bereichen wie Zeitmanagement, Vollendung von Aufgaben oder Verbesserung der Konzentration würdigen.
Individueller Studienbereich: Gestalte zusammen mit deinem Kind einen individuellen, kreativen Studienbereich, in dem es sich wohlfühlt. Manchmal kann eine angenehme Umgebung die Motivation und Konzentration steigern. Und müssen die Hausaufgaben am Tisch gemacht werden? Nein!
Lernen-und-Realität-Ausflüge: Verbindet Lernen mit realen Erfahrungen. Besucht Orte, die mit dem Schulstoff in Verbindung stehen, wie Museen, Naturparks oder historische Stätten.
Mentor oder Tutor finden: Manchmal kann ein außenstehender Mentor oder Tutor neue Perspektiven und Motivation bringen. Dies könnte ein älterer Schüler, ein Student oder ein professioneller Nachhilfelehrer sein.
Schulwechsel: Bleibt euer Kind traurig, unruhig, unmotiviert, sucht unbedingt das Gespräch mit den Lehrkräften. Vielleicht ist das „klassische“ Schulsystem nichts für euer Kind? Gibt es freie Schulen oder andere Alternativen?

Loslassen können und Wurzeln geben – dem Kind etwas zutrauen

„Du machst das gut. Ich vertraue dir." Zwei Sätze, die Kinder bestärken. Erwachsene auch. Von der ersten Übernachtung bei Oma bis zum mehrwöchigen Schüleraustausch auf einen anderen Kontinent ist es ein langer Weg. Einer, bei dem du sicher auch mal sehr schlucken musst. Eine enge, gute Bindung zu haben, bedeutet, dass ein Kind Wurzeln hat, es sehr selbstwirksam und selbstbewusst ist. Und ja – es wird Fehler machen, wenn es nun immer unabhängiger wird. Und es wird Entscheidungen treffen, die dir als Elternteil wenig gefallen werden. Wie war das: Dein Kind muss bestimmte Situationen erleben und du begleitest es dabei? Dieses zugewandte Zumuten wird nun bei Schulkindern eine ganz neue Dimension bekommen – du musst als Mutter oder Vater erleben, dass dein Kind Musik hören möchte, die du gruselig findest, es möchte einen Sport ausüben, den du nicht magst, und es will Dinge ausprobieren, die eventuell riskant sind. Gemeinsam gelassen? Geht nicht immer, denn Pre-Teens wollen oft nicht mehr, dass du mitkommst. Solange die Wurzeln stimmen, ihr im Kontakt bleibt, ist der Austausch gut, dann wirst du wenig Verbote aussprechen müssen. Denn auch wenn Viert- und Fünftklässler schon ein klares Modebild haben, so können sie beispielsweise gar nicht einschätzen, dass eine zu kurze Shorts vielleicht falsche Signale sendet. Also dann eben mit Leggings drunter oder ein anderes Outfit. Die Leitplanken müssen angepasst werden – aber auch für die elterliche Seite.

Schuldfalle: Ich möchte mein Kind vor allem beschützen und bewahren.

„Meine Tochter möchte mit Freunden allein an den Badesee. Ich finde das viel zu früh und mache mir große Sorgen. Nun sitze ich in der Falle: Wenn ich ihr erlaube mitzufahren, und etwas passiert, verzeihe ich mir das nie. Wenn ich das verbiete, ist das aber auch falsch, sie soll ja langsam ohne mich Dinge unternehmen." Sandra, 46, mit Fiona, 11

Fokus: An seiner eigenen Ängstlichkeit arbeiten – das ist möglich. Wichtig ist: Kann das Kind das wirklich schon? Gibt es einen Kompromiss und wie lerne ich das Loslassen?

Mögliche Lösungswege

Mit etwas Aufsicht, das geht auch: Wie sieht die Situation am See aus? Gibt es dort eine DLRG-Station, wird das Gelände überwacht? Oder wären die Kinder allein? Wie groß ist die Gruppe der Freunde, kennst du die anderen Kinder? Ein Besuch eines Freibades oder eines bewachten Badesees wäre schon ein guter Kompromiss. Alternativ kannst du auch mit den anderen Eltern überlegen, dass ein oder zwei von euch – mit Abstand auf einer anderen Decke – die Badenixentruppe begleitet.

Sicherheitsfrage: Wie sicher schwimmt deine Tochter? Kennt sie alle Gefahren? Hat sie kein Bronzeabzeichen, sollte sie tatsächlich nicht ohne Erwachsene schwimmen gehen. Ist sie eine sichere Schwimmerin, einatmen. Und ihr das zutrauen.

Wahrnehmungsfrage: Du möchtest es als Mutter nicht verbieten, aber eigentlich auch nicht erlauben. Vielleicht findet sich der Aufsicht-Zwischenweg. Wenn nicht, frage dich selbst: Warum fällt dir das Loslassen schwer? Traust du deinem Kind den Besuch nicht zu oder stecken tiefere Erlebnisse oder Ängste von dir hinter der Furcht?

Freunde oder Familie um Unterstützung bitten: Sprich mit Freunden oder Familienmitgliedern über deine Sorgen. Manchmal hilft es, sich die Ängste von der Seele zu reden.

Notfallplan: Besprich mit deinem Kind, was es tun soll, falls es sich unsicher fühlt oder Hilfe braucht. Das gibt dir auch mehr Sicherheit.

Selbstfürsorge für mich und für uns als Paar

Kinder sind glücklich, wenn Eltern glücklich sind. Und kleine Gesten zwischen den Partnern, wie ein zartes Streicheln der Wange oder Küsse, werden jetzt wichtiger als je zuvor, weil sie Nähe herstellen. Es sagt sich so leicht: Verliere die Zweisamkeit und den Partner nie aus den Augen. Aber im Familienalltag ist das tatsächlich eine sehr hohe Kunst, die auch viel mit Scham und Schuld zu tun hat. Einfach Lust auf Sex haben, auf die Leichtigkeit, die nur als Paar da war – oh nee, gute Eltern dürfen so etwas doch nicht fühlen? Oder anders: einfach viel zu viel für andere da gewesen sein und keine Kraft und kein Interesse, nun auch noch Zeit für Beziehungsarbeit zu haben. Nicht einfach.

Schuldfalle: Romantik zwischen Windeleimer und Werkbank?

„Es gibt schon noch ein Wir, ein Wir als Familie, ein Wir als Elternpaar. Aber für mehr ist keine Zeit. Sicher waren wir schon noch mal Liebespaar, sonst hätten wir keine drei Kinder. Aber die Romantik ist weg. Wir haben eine gemeinsame Tischlerei, ich stehe an der Werkbank, mein Mann kümmert sich um den Verkauf und die Buchhaltung. Gefühlt verbringen wir viel Zeit gemeinsam, aber nicht wirklich zusammen oder miteinander, sondern nebeneinander. Ich denke immer, ich müsste mich da mehr bemühen, und ich will ja auch als Frau gesehen werden. Aber wann soll ich das noch schaffen?" Sina, 34, drei Kinder, 3, 6 und 9

Fokus: Zeit nehmen, eigene Wege finden, auch an euch denken.

Kleine Gesten: Küsse, das Streicheln der Wange, eine Umarmung: Auch wenn ihr vielleicht keine Zeit als Paar habt, Nähe ist nicht nur Sex.

Date Night: Verabredet euch. Macht einen romantischen Abend mit Kerzenlicht, ohne Fernseher, wenn ihr keinen Babysitter habt. Noch besser ist es, gemeinsam rauszukommen. Tabu dabei: über den Nachwuchs reden.

Anders ist auch schön: Spontaner, wilder Sex ist schwierig, wenn Kinder im Haus sind. Mit der Elternschaft beginnt eine neue Lebensphase. Vieles ist anders und neu. Sex nach Termin klappt – dann, wenn das Kleine schläft. Dem Körper ist egal, wie romantisch, spontan oder wild der Sex ist, die Hormone, die einem guttun und dem Partner nahbringen, werden trotzdem ausgeschüttet.

Nicht aufrechnen: Wenn immer gefragt wird, wer macht was für wen, wird es schwierig. Eine Beziehung ist keine Waage, es gibt immer Zeiten, in denen es unausgeglichen ist. Wichtig bleibt aber das Miteinander und dass beide ihre Bedürfnisse mitteilen.

Pflegt eure Liebe: Feiert eure Jahrestage, erinnert euch an gemeinsame Abenteuer und erzählt euch eure Geschichte und hört gemeinsam eure Musik. Bleibt in Kontakt und plant den nächsten Sommer und eure nächsten Ziele.

Selbstfürsorge: An sich selbst zu denken als Paar ist wichtig. Aber jeder von euch braucht auch Zeit für eigene Auszeiten, für Freunde oder Hobbys. Viel zu oft vergessen Eltern sich selbst. Wer mit sich unzufrieden ist und sich fremdbestimmt fühlt, kann weder für den Partner noch für die Familie gut sorgen. Selbstfürsorge ist für Eltern kein Luxus, sondern Ausgangspunkt für das Gelingen des Abenteuers Familie.

Ehrlichkeit: Auch Liebe verändert sich. Es gibt Phasen in einer Beziehung, in denen es sehr schwer ist. Sei ehrlich mit dir – ist alles nervig, kannst du den (oder die) anderen gerade gar nicht riechen? Dann braucht ihr ungestörte Zeit und eventuell auch Hilfe von außen. Probleme verschwinden selten von allein, sondern wachsen eher, wenn sie verschwiegen werden.

Dazu ein – nicht ganz ernst gemeintes – Work-out:

Wellnessprogramm für Eltern

Macht doch mal für euch als Paar etwas! Am besten die Kinder zu Oma und Opa bringen und so ein richtig schönes Wellnesswochenende zu zweit machen. Gemeinsam Sport treiben, sich massieren lassen. Wie jetzt? Geht nicht. Leider verständlich, denn erstens ist ein Ausflug mit ziemlicher Logistik und zweitens mit reichlich Kosten verbunden. Auszeiten zu zweit sind aber wirklich wichtig. Ohne Smartphone zu zweit auf dem Sofa kuscheln, einen Tagesausflug machen. Albern sein, zur Lieblingsmusik miteinander tanzen. Soll es unbedingt Wellness sein? Dann hätten wir da etwas. Ein Work-out-Programm. Gratis, in jedem Haushalt mit Kindern umsetzbar und auch ohne Babysitter möglich.

Work-out und schwitzen

Vor der Entspannung steht ein Zirkeltraining an. Je nach Alter der vorhandenen Kinder gilt es, 5 bis 30 Kilo zu stemmen. Der Morgen beginnt mit Reaktionsübungen als Warm-up. Wer schnell genug die Tasse auffängt, muss keine Kakaopfützen aufwischen.

Gern helfen die persönlichen Trainier und denken sich Aufgaben aus. Sie verstecken Hausschuhe weit unter dem Sofa oder deponieren Glitzerspängchen in Hosentaschen. Erwachsene trainieren deswegen ihre Feinmotorik beim Reinigen des Flusensiebes der Waschmaschine, um es von den Haarspangen zu befreien, und nutzen die Suche unter dem Sofa für Streckübungen. Profis gehen danach Lebensmittel für die ganze Woche einkaufen, idealerweise von zwei Kindern begleitet. Zum Schwitzen brauchen die Teilnehmer keine Sauna. Sie absolvieren beispielsweise ein Laufradtraining. Wer ein tollkühnes Kind beim Flitzen begleitet, ist nach einem kleinen gemeinsamen Ausflug klatschnass. Und selig. Denn nach dem Laufen und der Anspannung ist es so schön, dass doch alles gut ging. Auch sperrige Instrumente auf dem Fahrrad zu bugsieren oder Teenies im öffentlichen Nahverkehr zu beaufsichtigen, sind Aufgaben, die es in sich haben. Schwitzen geht auch prima in der gummierten Muddi-Allwetterjacke. So gekleidet ist das Warten bei der Musikschule oder in der Turnhalle ein effektiver Kalorienkiller. Viel billiger als ein Tag im Fitnessstudio. Sauna? Wozu?

Richtige Ernährung

Schwangere sollen dieses nicht essen und jenes auch nicht. Aber immerhin dürfen Mütter in spe noch allein bestimmen, was sie zu sich

nehmen. Kurz nach der Geburt ändert sich das. Gegessen wird, was da ist und schnell zuzubereiten ist, denn der Nachwuchs erlaubt nur kurze Pausen. So eine Nuss-Schoko-Diät ist sehr bekömmlich. Später gibt es dann Reste. Dinkelbrei mit püriertem Obst, schmeckt meist so, dass jeder freiwillig wenig isst.
Vergessene Schulbrote sind ebenfalls ein super Diättipp. Die leicht grünliche Kruste einfach abkratzen, nach vier Tagen sind Effekte zu sehen. Der Geheimtipp: Eine Woche lang nur die Reste vom Teller der Kinder essen. Pommes, aufgeweichte Cornflakes und angelutschte Fleischstückchen. Macht garantiert schlank.

Massagen und Aromatherapie

Der Tag beginnt für Eltern oft mit einer Fußmassage. Es gilt, barfuß über Lego-Steine zu laufen, das stimuliert die Reflexzonen und regt das Immunsystem an. Solche neumodischen Lego-Pantoffeln sind nur für Weicheier ...
Am Wochenende gibt es als Bonus für wellnesswillige Eltern ein schönes Peeling. Dafür deponiert der Nachwuchs viele feine Zwiebackkrümel im elterlichen Bett.
Möchten Eltern einfach nur liegen, können sie sich ein raffiniertes T-Shirt anziehen. Einfach eine Straße draufmalen, ein paar Autos, Murmeln oder Eisenbahnen verteilen, und schon können Kinder spielen und Eltern schlafen. Gilt als Massage!
Mutige geben Kindern einen Topf mit Creme und warten dann ab. Herrscht göttliche Ruhe, ist das eine schöne kleine Auszeit. Allerdings dürften dann Möbel und Kind gut eingecremt sein. Oder der andere Elternteil. Ist es nicht so ruhig, hat der Juniorforscher probiert, wie die Masse schmeckt. Das riecht dann oft nicht so angenehm.
Alles zu aufwendig? Dann einfach mit den Kindern kuscheln, viel gemeinsam draußen spielen und je nach Jahreszeit Eis oder Bratäpfel essen und sich dann heimlich fünf Minuten allein ins Bad begeben. Entspannung pur!

Wir verabschieden uns

Veränderung braucht Mut, aber Veränderung gibt auch Mut. Schuldgefühle hindern uns daran, etwas klar zu sehen. Es sei denn, wir nutzen sie. Und genau das möchten wir dir mit auf deinen Weg geben: Du kennst jetzt dein persönliches schlechtes Gewissen besser. Als Mutter oder Vater ist das Ziel also gar nicht, dich völlig frei von allen Schuldgefühlen durch diesen Dschungel Elternschaft zu kämpfen, sondern diese Gefühle als Kompass zu sehen.

Was genau ist denn überhaupt dein Ziel? Schnell durchkommen oder dieses Abenteuer im Urwald auch richtig genießen? Du weißt nie, was hinter der nächsten Weggabelung kommt. Sehr anstrengend. Aber auch unendlich schön. Unsere drei Kinder sind ja nun schon junge Erwachsene und ganz klar: Es gab so einiges, das wir als Mütter hätten besser machen können. Aber wer will denn schon fehlerfreie Eltern? So vieles ist eine Frage der Perspektive, und dass dein Kind heute rotzfrech ist, nervt, aber es ist auch ein Zeichen, dass du ein prima Selbstbewusstsein vermittelt hast.

Wenn dein schlechtes Gewissen sich meldet, dann kannst du es nun hoffentlich besser begrüßen. Es freundlich einladen. Oder auch wieder vor die Tür setzen und ihm sagen, dass es nun warten muss. Für viele Situationen, die belasten können, hast du nun Lösungswege. Wenn es nicht passt, suche neue Wege.

Wir hoffen, wir konnten mit diesem Buch helfen. Und verabschieden uns vom Schlegewi und aus diesem Buch. Du hast noch Lust, dich über Schuldgefühle und das schlechte Gewissen auszutauschen? Dann laden wir dich herzlich ein, uns auf Instagram unter @silkeplagge oder @tollabea zu kontaktieren. Wir lernen immer gern dazu und sind gespannt!

Dank

Ein Buch ist wirklich Teamarbeit und wir beide waren auch zeitlich sehr eingespannt. Ein riesiger Dank geht daher an Nikola Teusianu und Eva Dotterweich, die an uns und die Buchidee geglaubt haben, und an Ulrike Schöber für Nerven aus Drahtseil und ein feines Händchen für die richtigen Worte und das Schieben von Passagen, dahin, wo sie hingehören.
Wenn uns eines bei diesem Buch begleitet hat, dann das schlechte Gewissen und die Zuversicht, dass daraus etwas wachsen kann.
Ein großer Dank auch an unsere Männer und Kinder – ohne euch gäbe es dieses Buch nicht.

Die Autorinnen

Silke R. Plagge ist Journalistin und erfolgreiche Ratgeber-Autorin. Sie engagiert sich für frühe Bildung und arbeitet für einen Kita-Träger. Als berufstätige Mutter von zwei Kindern mit einem Altersunterschied von 20 Monaten hätte sie selbst sich oft mehr Gelassenheit und weniger Schuldgefühle gewünscht. Im Austausch mit anderen Müttern und Vätern und in Gesprächen mit Expert:innen hat sie im Lauf der Jahre viele Kniffe im Umgang mit täglichen Stolpersteinen der Erziehung gesammelt.

Béa Beste ist Kommunikationswirtin, Schul- und Kitagründerin und bloggt als *Tollabea* auf ihrem gleichnamigen Blog. Gemeinsam mit ihren Fans ist sie ständig auf der Suche nach guten, pragmatischen Lösungen in Erziehungsfragen. Sie ist selbst Mama einer inzwischen erwachsenen Tochter, die als Architektin arbeitet.

Anhang

Quellen

Ariely, Dan: **Predictably Irrational: The Hidden Forces That Shape Our Decisions.** Harper, New York 2009.

Ballmann, Anke Elisabeth: **Satt und sauber reicht nicht!** Kösel, München 2023.

Fell, Mareike: **Wir dürfen beginnen, Trennungen zu ent-schrecklichen,** tollabea.de (abgerufen 4/24)

Hummel, Inke: **Miteinander durch die Grundschulzeit.** Humboldt, Hannover 2023.

Imlau, Nora: **In guten Händen. Wie wir ein starkes Beziehungsnetz für unser Kinder knüpfen.** Ullstein, Berlin 2022.

Imlau, Nora: **Auch Mütter dürfen mal kürzertreten.** Artikel publiziert im Magazin ELTERN und eltern.de (abgerufen 2/24)

Kernstock-Redl, Helga: **Schuldgefühle.** Goldegg, Berlin 2020.

Niechzial, Saskia: **Hallo Schulanfang.** Beltz, Weinheim, Basel 2023.

Opitz, Manuel: **Schwarze Pädagogik: Wie Johanna Haarer den Willen von Kindern brechen wollte.** Artikel publiziert in GEO.online.de (abgerufen 2/24).

Rosenberg, Marshall B.: **Gewaltfreie Kommunikation: Eine Sprache des Lebens.** Junfermann, Paderborn 2016.

Roth, Gerhard, Storch, Maja: **Das schlechte Gewissen – Quälgeist oder Ressource? Neurobiologische Grundlagen und praktische Abhilfe.** Hogrefe, Bern 2021.

Van der Linde, Nadene: **7 signs you're parenting right, according to a clinical psychologist.** Artikel publiziert bei Mother.ly, Januar 2018.

Buchtipps

Beste, Béa, Jansen, Stephanie: **Gemeinsam schlau statt über die Schule meckern. So begleiten Eltern ihre Kinder erfolgreich durch die Schulzeit.** Duden, München 2022.

Beste, Béa, Jansen, Stephanie: **Gemeinsam schlau statt einsam büffeln. So lernen Eltern und Kinder zusammen.** Duden, München 2020.

Bongertz, Christiane Stella, Retz, Eliane: **Wild Family. Konflikte bewältigen, Geschwister verbünden, familiäre Beziehungen stärken.** Piper, München 2023.

Bossmann, Ulrike: **People Pleasing. Raus aus der Harmoniefalle und weg mit dem schlechten Gewissen.** Beltz, Weinheim 2023.

Cammarata, Patricia: Raus aus der Mental Load-Falle: **Wie gerechte Arbeitsteilung in der Familie gelingt.** Beltz, Weinheim 2020.

Gatinho, Vitor: **Wenn der Rotz läuft und der Pups drückt.** GU, München, 2022.

Gathinho, Vitor. **Wenn die Laus juckt und der Zahn wackelt.** GU München, 2024.

Göbel, Gundula: **Schrei nach Geborgenheit. Emotionale Begleitung bis in die Pubertät.** Briefgestöber 2013.

Graf, Danielle, Seide, Katja: **Das gewünschteste Wunschkind aller Zeiten treibt mich in den Wahnsinn.** Beltz, Weinheim 2016.

Grüling, Birk: **Mama! Papa! Was machen wir heute?** Junior Medien 2020.

Harmann, Lisa, Nachtsheim, Katharina: **Wow Mom. Der Mama-Mutmacher für mehr Ich in all dem Wir.** Krüger, Frankfurt a.M. 2020.

Hummel, Inke: **Nicht zu streng, nicht zu eng: Dein sicherer Weg zwischen Schimpfen und falschem Verwöhnen.** Humboldt, Hannover 2022.

Imlau, Nora: **Mein Familienkompass: Was brauch ich und was brauchst du?** Ullstein, Berlin 2020.

Kasthan, Inbal: **Von Herzen Eltern sein: Die Geschenke des Mitgefühls, der Verbindung und der Wahlfreiheit.** Junfermann, Paderborn 2013.

Kitzerow, Alu, Rogge, Jan-Uwe, Manthey, Konstantin: **Geschwister – eine ganz besondere Liebe: So gelingt es Eltern, jedem Kind gerecht zu werden.** GU, München 2021.

Klüver, Nathalie: **Das Kind wächst nicht schneller, wenn man daran zieht. Erziehung einfach unperfekt.** Trias, Stuttgart 2021.

Plagge, Silke R.: **Mami to go. Checklisten für die ersten drei Jahre: Entwicklung & Gesundheit, Alltag, Recht & Geld.** GU, München 2018.

Plagge, Silke R.: **Schlaf, mein Baby, schlaf: Entspannte Wege zu ruhigen Nächten.** Dorling Kindersley, München 2020.

Rösler, Annika, Höllrigl-Tschaikner: **Mythos Mutterinstinkt.** Kösel München 2023.

Sanders, Julia: **Gewaltfreie Kommunikation mit Kindern. Sag Ja, zu GFK!: Kinder richtig verstehen und Konflikte mit Respekt und Empathie lösen.** EOB 2023.

Hilfreiche Internetadressen

www.bke-beratung.de: Beratung des Fachverbandes der Erziehungs- und Familienberatung und Beratungsstellensuche

www.kindergesundheit-info.de: Informationen der Bundeszentrale für gesundheitliche Aufklärung (BZgA)

www.schau-hin.info: Informationen rund um Medienkompetenz.

www.tollabea.de: Der Familienblog rund um Kreativität

Register

LIEBE LESERINNEN UND LESER,

wir wollen Ihnen mit diesem Buch Informationen und Anregungen geben, um Ihnen das Leben zu erleichtern oder Sie zu inspirieren, Neues auszuprobieren. Wir achten bei der Erstellung unserer Bücher auf Aktualität und stellen höchste Ansprüche an Inhalt und Gestaltung. Alle Anleitungen und Rezepte werden von unseren Autoren, jeweils Experten auf ihren Gebieten, gewissenhaft erstellt und von unseren Redakteur*innen mit größter Sorgfalt ausgewählt und geprüft.

Haben wir Ihre Erwartungen erfüllt? Sind Sie mit diesem Buch und seinen Inhalten zufrieden? Wir freuen uns auf Ihre Rückmeldung. Und wir freuen uns, wenn Sie diesen Titel weiterempfehlen, in Ihrem Freundeskreis oder bei Ihrem Online-Kauf.

Sollten wir Ihre Erwartungen so gar nicht erfüllt haben, tauschen wir Ihnen Ihr Buch jederzeit gegen ein gleichwertiges zum gleichen oder ähnlichen Thema um.

KONTAKT ZUM LESERSERVICE

GRÄFE UND UNZER VERLAG
Grillparzerstraße 12
81675 München
www.gu.de

Ein Unternehmen der
GANSKE VERLAGSGRUPPE

Impressum

GU ist eine eingetragene Marke der GRÄFE UND UNZER VERLAG GmbH, www.gu.de

ISBN 978-3-8338-8548-8
1. Auflage 2024

Projektleitung: Nikola Teusianu
Lektorat: Ulrike Schöber, Dortmund
Bildredaktion: Simone Hoffmann
Umschlaggestaltung und Layout: ki 36 Editorial Design, Stephanie Reindl
Herstellung: Gloria Schlayer
Satz: Christopher Hammond
Reproduktion: Medienprinzen, München
Druck und Bindung: Livonia Print, Riga

Umwelthinweis:
Nachhaltigkeit ist uns sehr wichtig. Der Rohstoff Papier ist in der Buchproduktion hierfür von entscheidender Bedeutung. Daher ist dieses Buch auf PEFC-zertifiziertem Papier gedruckt. PEFC garantiert, dass ökologische, soziale und ökonomische Aspekte in der Verarbeitungskette unabhängig überwacht werden und lückenlos nachvollziehbar sind.

Bildnachweis:
Cover: Stocksy
Illustrationen (Innenteil): Béa Beste
Vorsatzpapier und Kapitelaufmacher (Muster): Creative Market

Bildagentur Image Professionals GmbH, Tumblingerstr. 32, 80337 München
www.imageprofessionals.com

Wichtiger Hinweis
Die Gedanken, Methoden und Anregungen in diesem Buch stellen die Meinung bzw. Erfahrung der Verfasserin dar. Sie wurden von der Autorin nach bestem Wissen erstellt und mit größtmöglicher Sorgfalt geprüft. Sie bieten jedoch keinen Ersatz für persönlichen kompetenten medizinischen Rat. Jede Leserin, jeder Leser ist für das eigene Tun und Lassen auch weiterhin selbst verantwortlich. Weder Autorin noch Verlag können für eventuelle Nachteile oder Schäden, die aus den im Buch gegebenen praktischen Hinweisen resultieren, eine Haftung übernehmen.